Il lato oscuro della ISO 9001

Backstage di un valutatore
(Libro scritto sotto effetto di audit)

Brian Hill

Copyright © 2021 by Brian Hill.

First SuperCompact Edition 2021

ISBN 978-1-300-15280-4

Edizioni Brian Hill (BrianHillEditore@gmail.com)

Revisione del testo: Ho fatto tutto da solo.

Copertina: Ho fatto tutto da solo.

Questo libro è disponibile anche su www.lulu.com

Tutti i diritti riservati. Questo libro ed ogni parte di esso non possono essere riprodotti o utilizzati senza un'espressa autorizzazione scritta dell'editore ad esclusione di brevi citazioni a scopo pubblicitario o di revisione di questo libro.

Ringraziamenti

In ordine sparso:

La società di consulenza Arturo Consulting che ha tenuto alto il livello di professionalità e di serietà oltre ad avermi deliziato con varie cene a base di pesce e relative libagioni;

Teresa R., Maria Rosa Z., per la simpatia con la quale mi hanno accolto; Barbara F., Laura G., Alessia G., Elena e Mario B, per aver saputo gestire le aziende loro clienti con il dovuto connubio tra sportività, creatività e professionalità;

Eloisa R. per avere contribuito inconsapevolmente alla scrittura di questo testo.

Questo libro è dedicato a Igor.

SOMMARIO

1 PREFAZIONE ZERO

Ognuno, Qualcuno, Ciascuno e Nessuno

Questa è la storia di quattro persone, chiamate Ognuno, Qualcuno, Ciascuno e Nessuno. C'era un lavoro importante da fare e Ognuno era sicuro che Qualcuno lo avrebbe fatto. Ciascuno poteva farlo, ma Nessuno lo fece, Qualcuno si arrabbiò perché era il lavoro di Ognuno. Ognuno pensò che Ciascuno potesse farlo, ma Nessuno capì che Ognuno l'avrebbe fatto. Finì che Ognuno incolpò Qualcuno perché Nessuno fece ciò che Ciascuno avrebbe potuto fare. (Autore Anonimo)

E' andata così.

Quasi tutti i libri iniziano con il capitolo UNO; questo inizierà quindi con il capitolo ZERO trattandosi di un libro diverso dagli altri testi che parlano di qualità.

Perché è diverso? Perché esistono molte pubblicazioni che spiegano come applicare la "qualità" ai vari settori merceologici. Esistono anche molte pubblicazioni che spiegano il significato dei requisiti delle varie norme. Ma nonostante il gran numero di libri pubblicati sembra non esserci nulla che descriva quello che succede dietro le quinte.

Vediamo di inquadrare il discorso e di sgombrare il campo dagli equivoci che possono derivare dalla parola "qualità". Si tratta di un termine che, al di là della definizione scritta sul vocabolario della lingua italiana[1], fa in realtà pensare all' "alta qualità"; è cioè un termine che nell'immaginario collettivo richiama qualcosa di positivo. Nella pratica non è sempre così purtroppo.

Per dare corpo all'aspetto qualità in ambito industriale, sono state messe a punto nel corso degli anni alcune norme tecniche applicabili inizialmente alle aziende produttrici. La più famosa di queste norme, ormai ampiamente diffusa e conosciuta è la ISO 9001. Si tratta di una norma tecnica che, semplificando il discorso, propone un modello organizzativo da applicare alle aziende con lo scopo di tenere sotto controllo alcuni aspetti al fine di garantire la prevista qualità dei prodotti o servizi forniti.

Questo libro non è un testo tecnico sulla qualità, anzi, talvolta è volutamente superficiale e impreciso per evitare tecnicismi che ne renderebbero complicata la comprensione. Lo scopo del libro è infatti un altro: poiché la corretta applicazione della norma ISO 9001 nelle aziende viene accertata da figure esterne, sono

---

[1] Misura delle caratteristiche o delle proprietà di una entità (una persona, un prodotto, un processo, un progetto) in confronto a quanto ci si attende da tale entità, per un determinato impiego

3

nati gli Enti di Certificazione, con i loro ispettori. Gli ispettori, che appartengono alla razza umana, sono sempre stati visti in modo un po' strano dalle aziende. In effetti sono personaggi strani; se non fossero strani non riuscirebbero a sopravvivere alla sconfinata serie di eventi singolari e alle pressioni psicologiche alle quali sono sottoposti.

Qui si parla proprio di questo: cioè di quello che può accadere a un ispettore nell'esercizio della propria professione. Si tratta quindi di una visione da "dietro le quinte" di un sistema che riesce ancora disperatamente a mantenere una parvenza di serietà e una facciata blasonata nonostante l'inesorabile mutare degli scenari.

Il testo, scritto da un ex-ispettore, è volutamente a macchia di leopardo, come la vita di un ispettore, che vede un'alternanza continua di eventi gradevoli, noiosi, divertenti, patetici, professionalmente interessanti, … giornate esaltanti e giornate nelle quali ci si guarda allo specchio e ci si chiede quale commedia si stia recitando e chi siano gli attori.

2 APPROFONDIAMO IL DISCORSO

I sistemi di gestione per la qualità sono dei modelli organizzativi applicati alle aziende, nati con buoni propositi ma che con il trascorrere del tempo hanno assunto i connotati di sistemi volti a defraudare le aziende imponendo di fatto una sorta di nuova tassa a favore di una pletora di soggetti (organismi internazionali, enti di certificazione, consulenti) che incanalano una grossa fetta di denaro nelle mani di pochi. Un sistema di gestione per la qualità è una struttura organizzativa descritta e supportata da adeguata documentazione atta a disciplinare l'operato degli addetti, le modalità di effettuazione delle lavorazioni, i relativi controlli ecc. Non è quindi un sistema previsto per garantire la qualità dei prodotti anche se, indirettamente, con una buona organizzazione è auspicabile ottenere dei buoni prodotti, ma non è sempre così.

Per completezza di informazione è da segnalare che esistono anche altri sistemi di gestione, ad esempio riguardanti i temi dell'ambiente, della sicurezza e dell'energia, descritti nelle relative norme.

I sistemi di gestione possono essere utili ma anche perfidi nel momento in cui sono visti come delle spirali viziose nelle quali le aziende finiscono e al quale di fatto non possono sottrarsi per varie ragioni: in alcune situazioni le certificazioni sono obbligatorie per legge (imprese che partecipano ad alcuni tipi di appalti pubblici, ad esempio), in altri casi l'obbligatorietà può essere legata a vincoli contrattuali con i clienti; ma anche quando non esistono obblighi le aziende spesso approdano alla certificazione per motivi di immagine aziendale e di visibilità. Essendo quasi tutte le aziende di un certo rilievo sostanzialmente tenute ad avere almeno la certificazione del sistema di gestione per la qualità, gli Enti di Certificazione hanno proliferato a dismisura. L'aspetto peculiare di tutta la vicenda è che gli Enti di certificazione (quindi i deputati al rilascio dei certificati) sono direttamente pagati dai loro stessi clienti; non esistono neppure degli intermediari. Il cliente paga direttamente il proprio controllore. Una eventuale certificazione negata corrisponderebbe a un cliente perso; ceduto quindi a un Ente concorrente. E quale Ente regalerebbe i propri clienti alla concorrenza? La logica conseguenza è che gli Enti certificano tutto, ma proprio tutto! Ogni tanto, giusto per salvare la faccia nei confronti del proprio controllore[2], si finge di fare un pochino di resistenza e quindi si fa un po' penare qualche cliente, magari uno di quelli particolarmente sprovveduti e che pagano le fatture in ritardo, spesso chiedendo sconti esagerati, ma poi alla fine tutto si risolve e tutto si certifica: è il gioco delle parti. Ci sono Enti di Certificazione che hanno rilasciato certificati ad Aziende che sviluppano software per la gestione del "nero" (contabilità parallela). Ovviamente facendo comparire sul certificato di qualità una dicitura generica (ad esempio: *sviluppo di software gestionali personalizzati*) ma di fatto il loro business è quello.

3 QUALCHE DATO

Per comprendere meglio l'entità del fenomeno, è possibile analizzare qualche dato messo a disposizione da "The ISO Survey" sul relativo sito internet.

Prendendo come riferimento l'anno 2010, si hanno i dati riportati nella tabella seguente:

Posizione	Nazione	N. certificazioni ISO 9001	Rapporto N. certificazioni/ N. abitanti per 10000.
1	Italia	138892	25,21
2	Spagna	59854	12,85
3	Gran Bretagna	44849	6,62
4	Germania	50583	6
5	Corea del sud	24778	4,95
6	Giappone	59287	4,69
7	Russia	62265	4,30
8	Cina	297037	2,2

[2] Anche gli Enti di Certificazione hanno un controllore: il cosiddetto Organismo di Accreditamento: Gli Organismi di Accreditamento accreditano gli Enti di Certificazione e gli Enti di Certificazione certificano i propri Clienti

9	Stati Uniti d'America	25101	0,79
10	India	33250	0,26

L'Italia, in vetta alla classifica, presenta oltre 25 certificati di qualità ogni diecimila abitanti. La Spagna, al secondo posto, ne ha meno della metà! Nell'analisi è stato considerato l'anno 2010 poiché oltre quella data le nuove certificazioni hanno subito un fortissimo rallentamento e anche le certificazioni già rilasciate hanno subito generalmente un decremento (per richiesta di revoca da parte delle stesse organizzazioni, non più interessate, oppure per cessata attività anche in seguito alla forte crisi economica post 2010).

La seguente tabella riporta la situazione nell'anno 2016:

Posizione	Nazione	N. certificazioni ISO 9001	Variazione percentuale dal 2010 al 2016
1	Italia	137835	-0,76%
2	Spagna	31747	-46,95%
3	Gran Bretagna	34311	-23,49%
4	Germania	56445	-11,58%
5	Corea del sud	n.d.	
6	Giappone	44456	-25,01%
7	Russia	n.d.	
8	Cina	340210	-14,53%
9	Stati Uniti d'America	28581	+13,86%
10	India	32424	-2,48%

Da questi dati è possibile trarre alcune considerazioni: innanzitutto l'Italia è al vertice della classifica per il rapporto tra numero di certificazioni rilasciate e numero di abitanti; l'altro aspetto riguarda il forte decremento delle certificazioni nel mondo successivamente al 2010 anche se l'Italia ha mantenuto comunque alto il numero di certificati con una perdita di solo 0,76% confermando che il business delle certificazioni è tuttora di rilevanza tutt'altro che trascurabile. La Spagna, che segue l'Italia essendo al secondo posto nella classifica, ha visto quasi dimezzare il numero di certificati. Si tratta di un business che coinvolge, non solo gli Enti di Certificazione con il proprio personale interno (ispettori, detti anche valutatori), ma un complesso sistema formato da ispettori esterni (individui che prestano la propria attività agli Enti pur non essendo dipendenti), consulenti liberi professionisti e società di consulenza, Organismi di Accreditamento, Enti di formazioni con relativi docenti, e persino tutte le figure che concorrono anche indirettamente al sistema: agenzie di viaggi, albergatori, ristoratori, compagnie di trasporto, taxisti, noleggiatori di auto, prostitute ecc..

4 DALLE PIATTAFORME OFF-SHORE ALLA QUA-LITA'

Spesso nelle aziende ci si sente chiedere come si diventa ispettori della qualità, quasi come se fosse una posizione di pregio. Per quanto mi riguarda, tutto ebbe inizio per una serie di eventi fuori dal mio controllo. Svolgevo un'attività interessante, logica conseguenza di un lungo corso di studi universitari. Il mio responsabile era una persona quasi seria, ma il dirigente capo di tutto era invece uno stravagante personaggio bizzarro e molto litigioso; oltretutto era sponsorizzato da baroni ormai definitivamente decaduti. Accadde che il personaggio entrò in conflitto con un'altra dirigente, altrettanto nevrotica e bizzarra, forse anche peggio di lui con l'aggravante di essere totalmente priva di competenze tecniche ma invece ben supportata dalle sue amicizie che a quel tempo erano molto influenti. Riuscì quindi a far licenziare il nostro direttore e di conseguenza tutti gli impiegati furono destinati ad altri incarichi. In quel periodo la mia attività si svolgeva prevalentemente in trasferta presso i clienti e quindi non ebbi modo di percepire la sciagura che si stava delineando nel nostro futuro professionale, al contrario dei miei colleghi che lavoravano in sede e che, avendo intuito quello che stava per accadere, avevano trovato una nuova collocazione soddisfacente in altri settori dell'azienda. Cosa ancor più grave, per il timore che io potessi tentare di occupare una posizione da loro ambita, qualcuno si divertì a riscrivere il mio curriculum vitae alterando completamente le mie esperienze lavorative; in questo modo fui ricollocato in un laboratorio peraltro privo di finestre che veniva anche utilizzato dai colleghi come luogo per fumare, pipa e sigaro compresi. Il fumo era talmente denso che a stento si riusciva a tenere gli occhi aperti; il mio nuovo collega sarebbe stato un ragazzo con evidenti disturbi mentali che accettava di buon grado di lavorare al buio in una camera a gas. Dopo il primo minuto chiesi di essere ricollocato e quindi mi trovai a colloquio con un altro personaggio originale che, avendo letto sul mio curriculum che io parlavo correntemente un numero di lingue che non pensavo che fossero neanche più in uso sul pianeta, mi propose di andare ad installare un software per il controllo di una valvola di emergenza su alcune piattaforme petrolifere off-shore in nord Africa. Mi spiegò quanto fosse interessante questo tipo di lavoro e quali incredibili esperienze professionali avrei potuto conseguire; ovviamente, nonostante le lunghissime trasferte all'estero, l'importo delle diarie previsto dal nostro contratto di lavoro non mi sarebbe stato corrisposto, in virtù del fatto che non avevo esperienza e che avrei imparato moltissimo da questa attività. Inutile discutere sul fatto che per installare un software non occorreva certo essere degli scienziati e che tutto sommato non avrei acquisito nessuna esperienza. Tra un sorriso e un impeto di entusiasmo mi propose di partire per l'Egitto il lunedì successivo, e aprì il browser per prenotarmi il primo volo aereo disponibile. Io decisi di prendere tempo e lui finse di rimanerci molto male, peraltro con uno stile recitativo maldestro, e mi disse che certi treni nella vita non passano una seconda volta, quindi di non aspettare troppo a prendere la decisione positiva. Gli dissi di lasciarmi almeno un paio di giorni per riflettere e nel frattempo decisi di chiedere informazioni a due colleghi che si erano occupati di questa attività prima di me (e che mai avrebbero ripetuto questa esperienza neanche se fossero stati torturati, come scoprii in seguito). Prima però decisi di prendere informazioni anche dallo sviluppatore del software che doveva servire per impartire il comando di apertura ad una valvola di sicurezza nel caso si fosse verificata una pericolosa sovra-pressione in una condotta del gas. Lui mi disse che questo software era talmente complicato che non sarei mai riuscito a capire il funzionamento, nonostante la mia ventennale esperienza in qualità di sviluppatore di software, e che avrei solo dovuto ricevere il software su una "pendrive" e copiarlo sul computer destinatario; tutto qui. Praticamente avrei dovuto recarmi sulla prima piattaforma off-shore, copiare il file e attendere qualche settimana per verificare che nel caso si fosse verificata la famosa sovra-pressione, la valvola avrebbe funzionato. Poi avrei potuto trasferirmi sulla piattaforma successiva, dopo avere ottenuto il benestare da parte del committente e così avrei fatto un tour di qualche mese tra Egitto, Algeria e altri paesi guadagnando come un impiegato di basso profilo. Gli dissi che la pelle era la mia e quindi senza vedere il software difficilmente avrei accettato un lavoro simile, anche considerando che nei confronti del committente io non avrei saputo dare nessuna spiegazione alle eventuali richieste di chiarimento, figuriamoci nel caso di malfunzionamenti o di esplosione di qualche piattaforma; avrei certamente rischiato di morire rinchiuso in qualche gattabuia del Magreb.

I colleghi mi fecero un quadro della situazione un po' contraddittorio. Il primo, mio coetaneo, che non voleva rischiare di essere sbattuto nuovamente su una piattaforma mi disse che si trattava di un'attività veramente speciale e che l'ambiente di lavoro era eterogeneo e particolarmente entusiasmante. Sarei stato sistemato in una cabina con servizi, come se fossi in crociera. Anche il viaggio era molto particolare: le piattaforme off-shore erano raggiunte con un servizio di elicotteri e, considerando che i committenti erano aziende leader mondiali e che non badavano a spese, avrei avuto tutti i comfort possibili. Francamente non mi sarei aspettato un simile entusiasmo nel descrivere questa attività. Qualcosa tuttavia non mi convinceva, anzi, mi stupii molto dell'eccesso di entusiasmo nel descrivere questa esperienza quasi fosse meglio di una vacanza. Il secondo collega invece sarebbe andato in pensione nel giro di tre settimane e quindi non correva certo il rischio di ritornare su una piattaforma, per questo motivo mi fece un quadro un pochino diverso. Mi disse:

– Guarda,... il software è una cosa veramente banale, infatti non ci diranno mai come è fatto per non fare brutta figura e per far sembrare che sia una cosa seria, oltretutto non è mai stato neanche collaudato, praticamente l'hanno scritto in cinque minuti. Per quanto riguarda il resto, le cose stanno in questi termini: vai in aereo fino all'aeroporto più vicino, poi ti trasportano per varie ore su qualche mezzo di fortuna, eventualmente in compagnia di qualche animale e poi un lungo viaggio su una specie di motoscafo non attrezzato per il trasporto dei passeggeri dove, se ti va bene, vomiti anche quello che hai mangiato tre giorni prima. In questo modo si arriva ai piedi della piattaforma off-shore. Dalla piattaforma calano un enorme ciambellone con attaccato delle cime; ci si aggrappa alle cime facendo attenzione a non precipitare e poi il ciambellone viene tirato su con le gru. Chi soffre di vertigini è spacciato, infatti ogni tanto qualcuno cade in mare. Se ti va di lusso ti sistemano in una cabina con quattro cuccette, altrimenti sono otto. Gli altri occupanti saranno tutti stranieri, nordafricani o del Bangladesh che mangiano fave e aglio in continuazione; c'è sempre un odore nauseante che fa vomitare. Ovviamente i servizi igienici non sono praticabili, infatti io non ci sono mai entrato e non mi sono mai lavato per tutto il tempo che sono rimasto lì, cioè tre mesi.

–   Ma qualcuno mi ha detto che sulle piattaforme si arriva in elicottero e che ...

–   Sì certo ma solo nei rarissimi casi fortunati in cui è già previsto un viaggio in elicottero per trasportare qualche personaggio importante, cioè quasi mai.

A questo punto mi venne in mente di tentare un'altra strada. Alcuni miei colleghi erano stati destinati ad un'attività di valutazione di sistemi di gestione per la qualità e quindi chiesi informazioni al responsabile che mi accolse immediatamente, avendo necessità di una figura professionale coerente con il mio vero curriculum vitae. Quindi lasciai perdere le piattaforme off-shore con tutti i dettagli descritti e iniziai il mio percorso nel mondo della "qualità".

I miei ex colleghi mi tolsero il saluto e non mi rivolsero mai più la parola.

5 UN PO' DI STORIA

All'inizio ci fecero frequentare alcuni corsi di formazione, in particolare quelli tenuti dalla simpaticissima e fantasiosa Dr.ssa Nigra e fu subito evidente che la maggior parte delle cose che ci venivano spiegate difficilmente potevano trovare una concreta applicazione nella realtà. L'argomento principale di questi corsi era la norma UNI EN ISO 9001 edizione anno 2000; norma recentemente entrata in vigore a quell'epoca.

Venni inoltre a sapere che i primi concetti di qualità risalivano addirittura al medioevo (in realtà qualche cenno lo si trova già nel Codice di Hammurabi scritto nel periodo 2100-2050 a.c.), quando per la prima volta vennero formalizzate le regole che stavano alla base delle modalità di lavoro del "maestro"; mediante la trasmissione scritta del sapere si garantiva anche la ripetibilità delle forniture, concetto fondamentale nell'ambito della qualità (v. ad es.: Jean Gimpel – Costruttori di Cattedrali). Con la prima rivoluzione industriale, avvenuta in Gran Bretagna verso la fine del XVIII secolo (transizione dalla produzione artigianale alla produzione di massa), ci fu una spinta verso un concetto di qualità sempre più formalizzato. Le quantità prodotte aumentarono grazie all'uso dell'energia termica ricavata dal carbone, all'introduzione di nuovi macchinari e alla possibilità di utilizzare il trasporto delle merci su rotaia. In questo scenario, i risultati dipendevano sempre meno dal singolo individuo ma piuttosto dalla progettazione e formalizzazione dei processi produttivi. L'ulteriore trasformazione avvenne con la seconda rivoluzione industriale verso la fine del XIX secolo favorita dallo sfruttamento dell'energia elettrica, periodo nel quale nacquero le catene di montaggio.

Si iniziò a parlare di qualità in maniera sistematica alla fine della seconda guerra mondiale in Giappone; qualità intesa come strumento per riscattarsi dalla profonda crisi economica nella quale si trovava dopo la sconfitta. La qualità per i Giapponesi divenne uno strumento per migliorare i processi costruttivi e poter produrre a costi inferiori. Venne quindi superato il concetto di "Controllo di Qualità" che consisteva nel garantire la conformità del prodotto attraverso l'analisi dei punti critici con l'obiettivo principale di separare i prodotti conformi da quelli non conformi. Si cominciò quindi a parlare di "Sistemi di Gestione per la Qualità", intesi come strumenti non limitati alla rimozione della "non qualità" ma aventi lo scopo di analizzare i processi, prevenire i problemi, cogliere le opportunità e, in definitiva, perseguire il miglioramento continuo. Questa tendenza divenne evidente negli anni '50 dove i settori aerospaziale, nucleare e petrolchimico furono i primi a sentire la necessità di dotarsi di strumenti che consentissero il controllo in tempo reale dei processi. La soluzione adottata fu quella di affiancare alle specifiche tecniche, informazioni legate alla scelta e monitoraggio dei fornitori, alla struttura organizzativa (chi doveva fare cosa) ecc.. Era nata l'"Assicurazione Qualità": risultato di sforzi congiunti di tutte le funzioni aziendali con l'obiettivo di misurare i processi, e non solo i prodotti, utilizzando anche semplici tecniche statistiche. Esaminando pochi prodotti finiti si riusciva a stabilire, in fase di produzione, se il processo presentava delle irregolarità. Queste tecniche consentivano di poter utilizzare anche manodopera non necessariamente specializzata, riducendo i costi di produzione. Cambiò quindi l'approccio al problema che passò dall'essere passivo all'essere proattivo, ovvero basato non solo sulla rimozione della "non qualità" ma anche sulla prevenzione dei difetti, resa possibile mediante strumenti utili a percepire anticipatamente i problemi, le tendenze e i cambiamenti.

La successiva evoluzione fu il passaggio dal concetto tradizionale di qualità a quello della Qualità Totale, che implicava lo spostamento dell'attenzione dalla conformità nei confronti delle specifiche alla soddisfazione del cliente (argomento che si sarebbe rivelato alquanto spinoso nell'applicazione pratica della norma, come si vedrà in seguito). La qualità veniva intesa come Totale nel senso che si riferiva all'intero processo globale di fornitura del prodotto o erogazione del servizio. La Qualità Totale implicava anche il fatto che i concetti della stessa fossero applicati facendo leva sull'intera organizzazione aziendale, gestendo le risorse umane come un fattore di successo attraverso meccanismi di formazione e valorizzazione del personale (questo si scontra evidentemente con gli aspetti economici generando altre argomentazioni spinose in fase di verifica di corretta applicazione della norma).

I corsi di formazione erano molto interessanti; la Dr.ssa Nigra era molto brava e inventava sempre qualcosa di nuovo per mantenere vigile la nostra attenzione. Ad un certo punto si iniziò con le simulazioni: giochi di ruolo o, role-playing, come andava di moda chiamarli. Praticamente la Dr.ssa Nigra distribuiva delle sceneggiature che dovevamo studiare e poi venivano assegnati i ruoli di "ispettore", "titolare/direttore di azienda", "responsabile della qualità", ecc.. Noi dovevamo recitare, mentre lei interveniva continuamente per cercare di destabilizzare la recitazione e creare il maggiore imbarazzo possibile, talvolta arrivando al panico! Vent'anni dopo avrei scoperto casualmente che la Dr.ssa Nigra aveva frequentato diversi corsi di teatro e, come ambizione principale, aveva quella di recitare (effettivamente lo faceva proprio benissimo!).

Poi venne anche il turno del Dr. Paggi, uno psicologo specializzato in tecniche di comunicazione efficace. Il Dr. Paggi doveva insegnarci a parlare in pubblico in modo efficace, applicando principalmente tecniche derivate dalla psicologia transazionale. I giochi di ruolo, ripresi con la telecamera, erano all'ordine del giorno; sembrava di essere costantemente sul front-stage di un teatro. Dopo ogni recitazione venivano proiettati i video con i nostri errori, sia di terminologia che di postura ecc.. Peggio che essere incatenati alle sedie per ore a guardare la Corazzata Potempkin! Non andava mai bene niente! Tra errori di mirroring e transazioni inopportune avevamo di cui non annoiarci, peraltro per quattro lunghe giornate!

Dopo tutto ciò, arrivò il corso finale, della durata di quaranta ore, con esame di abilitazione, e così fummo tutti abilitati a svolgere verifiche ispettive. Ci venne consegnato un diploma con foto ricordo e ognuno iniziò la propria nuova vita professionale. Non seppi più niente della maggior parte di loro e non li rividi più, a parte la Dr.ssa Nigra.

6 COME È NATA LA NORMA

Allo scopo di evitare una proliferazione di norme settoriali e nazionali, venne affidato all'International Organization for Standardization (ISO – fondato nel 1946), la redazione di una serie di norme che costituissero il riferimento a livello mondiale.

Nel 1921 fu creato l'UNI (Ente Nazionale Italiano di Unificazione) e nel 1961 nacque il Comitato Europeo di Normazione (CEN).

La prima norma nel settore della qualità può essere considerata lo standard militare MIL-Q-9858A del Dipartimento della Difesa Americano, pubblicata nel 1959. A seguire la BS 5750 (pubblicata dal British Standards) nel 1979. Nel 1987 l'International Organization for Standardization, adottando le norme inglesi BS 5750 pubblicò quella che venne chiamata ISO 29000. In Europa venne recepita come EN 29000 e in Italia venne pubblicata la relativa traduzione chiamata UNI EN ISO 29000.

Successivamente, nel 1994, la norma subì una revisione e si trasformò nelle tre norme UNI EN ISO 9001, 9002 e 9003 (non è noto il motivo di questa ingente perdita di circa 20000 nella numerazione!). In questa versione, tuttavia, l'attenzione venne spostata verso la figura del cliente, inteso nella sua accezione più ampia e comprendendo quindi tutti i soggetti coinvolti più o meno direttamente nel processo realizzativo (cioè tutti coloro che possono, nelle varie fasi produttive, considerarsi "clienti interni"). Le norme erano tre perché la 9002 era rivolta alle aziende che non progettavano i prodotti o i servizi mentre la 9003 era rivolta alle aziende che effettuavano esclusivamente controlli e collaudi su prodotti o servizi. La 9001 era la norma più completa che comprendeva anche i requisiti legati all'attività di progettazione. Si trattava di una serie di norme a carattere molto prescrittivo basate su 20 principali requisiti.

Nel 2000 avvenne un altro importante cambiamento nel quale la norma ritornò ad essere una sola: UNI EN ISO 9001:2000. Questa norma, nata nell'ambito del progetto denominato "Vision 2000" introduce la cosiddetta "visione per processi" e sposta il centro dell'attenzione sui concetti di misurazione, efficacia e miglioramento continuo dei processi aziendali. Nell'anno 2008 è stata pubblicata un'ulteriore revisione della norma introducendo di fatto delle differenze poco rilevanti mentre nell'anno 2015 la norma è stata di fatto riscritta e sono stati introdotti nuovi requisiti.

La norma che fu applicata per il più lungo periodo di tempo è stata la UNI EN ISO 9001:2000, considerando che di fatto è da ritenersi uguale alla UNI EN ISO 9001:2008. Questa norma è stata applicata tra l'anno 2000 e l'anno 2018, quindi per diciotto lunghi anni. Nessuna edizione precedente ha visto un così lungo periodo di applicazione; per questo motivo in appendice è riportata una sintesi dei requisiti normativi anche se, come già scritto, questa edizione è stata sostituita dall'edizione 2015 (entrata in vigore definitivamente il 14 settembre 2018) e quindi non è più attualmente applicabile.

E' comunque vero che, sia i principi che l'hanno ispirata che i requisiti stessi, pur se riscritti in forma diversa nell'edizione 2015, mantengono in linea di massima la loro validità e quindi sono di fatto tuttora applicati.

7 PRIMI AUDIT

L'edizione 2000 della norma fu accolta con entusiasmo; apparentemente una bella norma che sembrava essere adatta a tutto e a tutti, semplice da applicare, molto elastica e adattabile a qualsiasi circostanza: una norma che lascia ampio margine di discrezionalità e ampie possibilità di fuga a tutti. Sì perché in alcuni casi si trattava proprio di fuggire dai pericoli, come vedremo nel seguito, soprattutto dai pericoli che man mano si sono fatti sempre più insidiosi, in particolare per gli ispettori. Una drastica svolta quindi rispetto alle norme in uso precedentemente, a carattere più prescrittivo, che inevitabilmente concorrevano alla generazione di pesantissimi faldoni di procedure, istruzioni, moduli e documenti di ogni genere. Uno dei vantaggi attribuiti all'edizione 2000 della norma era infatti legato alla snellezza della documentazione richiesta (verrebbe anche da dire che, siccome la norma è stata scritta in modo volutamente generico, si lasciavano alle organizzazioni molti più margini di discrezionalità e quindi anche molte più possibilità di non documentare alcuni aspetti). Fu accolta bene anche dai consulenti che hanno avuto, nei primi anni dopo la pubblicazione, una grande mole di lavoro per adeguare i sistemi di gestione per la qualità progettati in base alla norma edizione 1994 (a volte si trattava di disfare o eliminare gran parte di quello che loro stessi avevano costruito e venduto a peso d'oro).

Dopo i vari corsi di formazione con la Dr.ssa Nigra, il dr. Paggi ecc., il percorso prevedeva inizialmente alcune verifiche in "affiancamento" con colleghi più esperti. Partecipai quindi in qualità di "osservatore" a quattro audit (a quel tempo si potevano ancora chiamare "verifiche ispettive"). Prima dovetti passare per una boutique per rimediare alcuni costosissimi abiti da lavoro adeguati al ruolo di ispettore.

Il primo audit al quale dovetti assistere fu condotto dall'ing. Martinelli: un'intera giornata seguita da altre quattro ore il giorno successivo in un'azienda che commercializzava dispositivi di protezione individuale (in particolare si trattava di elmetti e scarpe anti-infortunistiche). L'applicazione della norma ad un'azienda che si limitava a rivendere un insieme molto limitato di prodotti mi pareva già strana all'epoca. Il collega Martinelli iniziò la sua attività alle nove di mattina e terminò verso le nove di sera. Verso le dodici disse "io eviterei la colazione di lavoro", senza neppure accertarsi che io fossi d'accordo. Per fortuna in azienda nessuno era d'accordo e quindi ci portarono a mangiare un boccone in un posto vicino. Il collega era veramente tignoso e riuscì a guardare tutti i pezzi di carta prodotti in azienda nell'ultimo anno. Un audit da incubo. Verso le sette di sera si accanì in modo particolarmente insistente sul requisito riguardante gli strumenti di misura, al quale l'Organizzazione aveva giustamente dato poco peso. Vano fu ogni tentativo di fargli capire che per acquistare degli elmetti e rivenderli non servivano grandi strumenti di misura. Il tentativo fallì miseramente: dopo uno sproloquio durato un paio d'ore, nel quale il collega tentava disperatamente di convincere tutti del suo punto di vista – e quindi della necessità di strumenti di misura, da tarare a intervalli regolari – decise di prendere alcuni appunti che gli sarebbero serviti il giorno successivo per scrivere una bella "non-conformità" che doveva poi essere gestita dall'azienda mediante l'invio di un piano di rientro (con individuazione delle cause, motivi per i quali questa non-conformità era accaduta, individuazione di un criterio per la relativa risoluzione, attribuzione di risorse, definizione dei tempi ecc.). Il giorno successivo, con mano tremolante iniziò a scrivere il rapporto di "non-conformità", il "rapporto di verifica ispettiva", e tutti gli altri moduli richiesti dall'Ente. Ci volle ben più della mezza giornata prevista, anzi, ci volle quasi tutto il giorno; fummo quindi abbandonati in una stanzetta priva di finestre mentre in azienda i ritmi procedevano come se nulla fosse, compreso la pausa pranzo. La scrittura della non-conformità procurò al collega una soddisfazione difficile da descrivere: sembrava che fosse in estasi e che avesse avuto un orgasmo. Venne il momento della lettura del "rapporto di verifica" e del "rapporto di non-conformità" in presenza del direttore generale che si arrabbiò moltissimo con tutti e ci mise alla porta senza troppi complimenti dopo avere fatto qualche scarabocchio sui vari moduli. Nel viaggio di rientro evitai di chiedere al collega se fosse stato proprio necessario avere scritto una "non-conformità" su un argomento che non c'entrava proprio niente con le attività dell'azienda ma, alla fine lasciai perdere. Pensai: la prossima volta andrà meglio.

Decisi invece di chiamare un altro collega che mi disse:

– Vedi, se non scrivi qualche "non-conformità", sembra che non hai lavorato, quindi se proprio non trovi niente, ti attacchi al primo appiglio che ti sembra più solido (o meno cedevole) degli altri e scrivi questa benedetta sciocchezza. Poi l'Azienda deve scrivere all'Ente e inviare il famoso modulo (specificando i motivi per i quali questa "non-conformità" si è verificata, come intende rimuoverla e cosa intende fare per evitare che accada nuovamente) dove può anche scrivere che non è d'accordo e, anche se la corretta risoluzione della "non-conformità" dovrebbe essere verificata dall'ispettore nel corso dell'audit successivo, di fatto tutto viene insabbiato.

Poi chiamai un mio amico, titolare di un'azienda certificata, che mi disse:

– Il fatto è che voi ispettori dovete necessariamente trovare almeno una "non-conformità", altrimenti non siete contenti, allora noi la prepariamo accuratamente – magari una banale firmetta mancante su un documento per l'acquisto anche solo di un tempera matite – e così l'ispettore di turno è contento e si rilassa senza necessità di cercare altro. Se poi è particolarmente tignoso gli facciamo trovare un paio di "non-conformità" così va a casa felice; due firmette mancanti, talvolta anche una tastiera di un PC non perfettamente pulitissima può dar luogo a una "non-conformità", magari per "inadeguata gestione e manutenzione delle infrastrutture, in base al requisito normativo 6.3.

Venne il turno del mio secondo audit con il Sig. Arnaldi in un'azienda che rivendeva ricambi auto monomarca. Sempre un audit di dodici ore: otto il primo giorno e quattro il secondo. Per quanto meticoloso, il collega alla fine scrisse una "non-conformità" che, tutto sommato, mi pareva abbastanza pertinente. Quindi nessuno disse nulla e ci salutarono in modo civile senza buttarci fuori.

Poi mi capitò un audit da incubo in un'azienda situata a pochi metri da casa mia con un collega talmente sega-nervi che mi fece abbondantemente rimpiangere l'ing. Martinelli. Ero abbastanza contento di non dover attraversare mezza Italia come le volte precedenti; il collega invece avrebbe dovuto fare un viaggio in auto di un paio d'ore. L'appuntamento era per le nove in azienda quindi io mi alzai alle sette e trenta e, mentre ero sotto la doccia, prima delle otto, suonò il telefono. Era il collega che mi disse:

–   Sono arrivato, e tu dove sei?

–   Sotto la doccia dissi.

–   Beh, allora io entro in azienda subito.

Quindi riuscii ad arrivare quasi un'ora dopo di lui facendo anche una figuraccia, che in realtà avrebbe dovuto fare lui, visto che si era presentato alle sette e quarantacinque invece che alle nove. Alle venti e trenta eravamo ancora lì a rivoltare carte. La verifica questa volta avrebbe dovuto durare sedici ore. Il secondo giorno andò più o meno come il primo: il collega voleva vedere tutto, ma proprio tutto. Più carta gli si faceva vedere e più lui ne chiedeva. Era peggio di un Dracula, non assetato di sangue ma affamato di carta. Non smetteva mai. Si mise persino a verificare se il foglio di calcolo che usavano (prodotto assolutamente commerciale installato ormai su quasi tutti i computer del pianeta) funzionasse bene. Cominciò a inserire numeri nelle celle per verificare che le somme fossero giuste confrontando i risultati con quelli della sua calcolatrice tascabile (che in realtà aveva le dimensioni di un macinacaffè). Il collega disse che, in base a un requisito normativo, il software doveva essere validato prima dell'uso. Teoricamente l'affermazione non sarebbe stata fuori luogo ma la norma si riferiva ai software sviluppati internamente o che comunque non avevano una storia consolidata e non avevano una diffusione planetaria. Niente da fare: si perse il pomeriggio a verificare che uno più uno facesse due e poi che tre più due facesse cinque ecc.

Anche il secondo giorno finimmo alle venti e trenta. Il nostro interlocutore ebbe un colpo di sonno e precipitò sulla scrivania. Il collega non si rendeva proprio conto di avere abusato della disponibilità altrui; leggeva il suo rapporto di audit lungo cinque pagine, scritte a penna mentre gli altri tentavano disperatamente di non addormentarsi.

Dopo il quarto audit, mediamente noioso ma non particolare come i tre descritti, fui quindi dichiarato abile a procedere autonomamente e fui mandato in un'impresa che installava impianti elettrici.

L'azienda aveva chiesto di essere certificata per l'attività di "installazione di impianti elettrici" ma la mia prima domanda mise subito le basi per qualche perplessità:

–   Chi progetta questi impianti?

–   Il titolare, Ing. Martina, disse:

–   Io!

–   Ma… allora non ci siamo!

Se gli impianti li progetta lei, deve certificare anche il processo di "progettazione" degli impianti, e non solo di "installazione". Iniziò una lunga discussione nella quale l'Ing. Martina sosteneva di progettare gli impianti firmandoli come "Ing. Martina", libero professionista iscritto all'Ordine degli Ingegneri. Mentre gli impianti venivano poi realizzati dalla "Martina Impianti", ditta di cui lui era casualmente l'unico proprietario. Nel dubbio feci una telefonata al mio responsabile che mi disse:

– Senti, lascia perdere e fai finta di niente. Fai come se i progetti venissero acquisiti dall'esterno da un fornitore qualificato, anzi, più che qualificato visto che è lui stesso e quindi si auto-qualifica[3]!

Questo mi fece capire che di fronte agli aspetti critici si doveva lasciar perdere ma tuttavia si potevano scrivere "non-conformità" alle aziende che vendevano elmetti senza avere gli strumenti di misura tarati! Cosa bisognasse misurare poi, secondo il mio collega, non lo capirò mai ma è meglio evitare di porsi domande inutili.

Il giorno successivo dovetti invece fare qualche ora di auto per andare a certificare una specie di impresa di costruzioni. Mi fecero vedere anche un cantiere nel centro di un capoluogo di Regione dove, in una sorta di inferno dantesco sostanzialmente privo di illuminazione, dovetti assistere al getto di un pilastro in calcestruzzo per sostenere una struttura che era stata costruita prima del pilastro stesso. Quando capii cosa stava succedendo corsi all'aperto a gambe levate prima di assistere a eventuali cedimenti della struttura. Chiesi chi avesse progettato il pilastro e scoprii che non esisteva nessun progetto. Stavano gettando del calcestruzzo dalle caratteristiche ignote con una gabbia di ferri messi a caso dal primo muratore che passava di lì e peraltro non conosceva neanche una parola di italiano. Tornammo in ufficio e scrissi una "non-conformità" talmente critica che all'azienda venne negata – giustamente – la certificazione. La Consulente – laureata peraltro in una disciplina umanistica e che non poteva certo sapere cosa fosse un pilastro né tanto meno il calcestruzzo – andò su tutte le furie e inviò un reclamo nei miei confronti all'Organismo di Certificazione. Ovviamente i miei responsabili valutarono l'accaduto e confermarono all'azienda che in quello stato non poteva assolutamente essere certificata. Erano tempi nei quali c'era ancora un minimo di serietà, tempi che però non erano destinati a durare a lungo.

8 ENTI, VALUTATORI, CONSULENTI

Le figure preposte al rilascio dei certificati di conformità a questa norma sono i cosiddetti Enti di Certificazione od Organismi di Certificazione (anche abbreviati con OdC). Si tratta di società private che operano, a fine di lucro, sulla base di un'autorizzazione, detta "accreditamento" che viene rilasciata da un Organismo di Accreditamento. Le aziende che intendono ottenere una certificazione devono innanzitutto progettare il proprio sistema di gestione per la qualità e per questo generalmente ci si rivolge ad un consulente esterno che non capisce molto delle attività svolte ma ha delle simpatie con qualche Organismo di Certificazione e, almeno nell'epoca del boom delle certificazioni, si faceva pagare profumatamente. Poi l'epoca delle vacche magre ad un certo punto arrivò anche per loro e dovettero ridurre le pretese. L'azienda

---

[3] L'Organizzazione aveva comunque perso l'opportunità di avere indicata l'attività di progettazione sul certificato, tanto è vero che normalmente succede il contrario, cioè che alcune Organizzazioni pretendono che venga indicata l'attività di progettazione anche quando non viene svolta. Visto che i certificati ISO 9001 vengono letti dai clienti, almeno quelli di un certo spessore, questa mancanza è di fatto fortemente pregiudizievole per la pubblicità dell'Azienda.

deve quindi rivolgersi ad un Organismo di Certificazione che viene spesso consigliato/scelto dal consulente. L'Organismo di Certificazione viene pagato direttamente dai propri clienti; potrebbe sembrare strano ma è proprio così: il controllore viene direttamente pagato dal controllato ed è scelto in base ai consigli del proprio consulente che generalmente ha delle simpatie all'interno dell'Ente/Organismo di Certificazione. Sostanzialmente quello che avviene spesso è che il consulente di turno propone i propri clienti all'Ente e spesso ottiene uno sconto sulla tariffa applicata in base al fatturato che egli stesso procura; Lui poi aumenta il proprio prestigio all'interno dell'Ente, procurando molti clienti. Se gli inciuci fossero finiti a questo punto già la cosa sarebbe grave ma in realtà è molto peggio!

Alcuni consulenti particolarmente ambiziosi e privi di scrupoli erano riusciti a convincere qualche Organismo di Certificazione in modo da poter operare anche come valutatori per l'Ente stesso. Certamente non gli si era potuto negare questo privilegio considerando che, come detto prima, i consulenti procuravano i clienti! E quindi, non solo il controllore pagava il controllato ma, in certi casi i consulenti erano anche i valutatori! Ad un certo punto l'Organismo di Accreditamento deve avere intuito che ci fosse qualcosa di strano e quindi ha chiesto agli Enti di fare in modo che i propri valutatori non andassero a valutare aziende dove loro stessi avevano agito come consulenti. Ogni Ente si era quindi dotato di un elenco, per ogni valutatore, di aziende nelle quali lui o lei aveva effettuato attività di consulenza, in modo da soddisfare le richieste dell'Organismo di certificazione. Evidentemente la cosa era facilmente raggirabile: era sufficiente far figurare di avere mandato qualche collaboratore in veste di consulente e poi intervenire come valutatori.

Non solo, qualche consulente, forte del fatto di avere procurato molti clienti all'Ente, ha chiesto e ottenuto di fare assumere qualche parente in qualità di valutatore. Ovviamente senza limitazione riguardo ai settori merceologici nei quali questi potevano intervenire. Quindi si sono visti figli laureati in scienze biologiche condurre verifiche in imprese di costruzione o anche di peggio! Figlie optometriste fare consulenza in imprese di costruzione dove sarebbe poi andato il padre in qualità di ispettore. Ovviamente poi, visto che il padre era già lì, non poteva non cogliere l'occasione per ricordare che la figlia aveva un negozio di occhiali e quindi allungare il biglietto da visita.

Dal punto di vista organizzativo, le cose si svolgevano spesso in questo modo: il nostro responsabile ci assegnava alcune pratiche; spesso una gran mole di pratiche tutte in blocco. Si doveva cercare di capire dove fossero collocate geograficamente le aziende per evitare il rischio di dover trascorrere magari un giorno a Bolzano e uno a Cosenza passando per Nuoro. La cosa non era semplice come potrebbe sembrare: c'erano aziende con sede a Roma ma che operavano in Veneto. Oppure aziende che avevano più sedi sul territorio nazionale e non si sapeva mai fino all'ultimo momento in quale sito si sarebbe svolta l'attività oggetto di audit (in particolare per le imprese di costruzione che operavano su tutto il territorio nazionale e anche all'estero). Una volta sbrogliato l'elenco delle aziende e capito, almeno in larga massima, dove si trovavano, si dovevano contattare i clienti e prendere un appuntamento per la verifica che poteva durare uno o più giorni, in funzione delle dimensioni dell'azienda e della complessità dei processi. Prima dell'appuntamento era previsto l'invio di un "piano" con l'indicazione dei processi, cioè delle attività, che si intendevano esaminare e quanto tempo dedicare a ciascuno. Si arrivava quindi al grande giorno che, agli inizi di questa attività, era spesso vissuto con inquietudine, talvolta con terrore, dal personale dell'organizzazione. Il valutatore era infatti visto come colui che poteva decidere le sorti dell'azienda. La verifica, che veniva anche chiamata "audit", e che iniziava sempre con una "riunione di apertura", presupponeva l'esame degli aspetti indicati nel "piano" mediante visione della documentazione predisposta, interviste al personale e verifica delle attività. Gli obiettivi principali, semplificando il discorso, erano quelli di verificare che la documentazione predisposta fosse coerente con le attività, idonea a garantire il controllo dei processi e la registrazione dei parametri ritenuti utili e che rispondesse a tutti i requisiti normativi applicabili. Altro aspetto importante era quello di verificare che il modo di operare degli addetti fosse coerente con quanto previsto dalla documentazione predisposta e che i documenti di registrazione venissero compilati correttamente e in modo esaustivo. Tutto veniva registrato da parte del valutatore compilando un "diario", scritto a mano libera (nei primi tempi).

Qualsiasi disallineamento doveva essere registrato compilando un rapporto di "non conformità". Al termine della verifica ci si ritirava in privato e si redigeva un "rapporto di verifica", sintetizzando quanto scritto nel "diario" ed eventualmente nei rapporti di "non conformità" oltre che vari documenti a uso interno. Nelle aziende ci si presentava vestiti di tutto punto e con l'auto lucidata da non più di qualche ora. Abito elegantissimo con giacca e cravatta, ovviamente in tono con i calzini, era il minimo. Anche la forma e il rispetto reciproco avevano la loro importanza, da ambo le parti. Era rigorosamente vietato dare del "tu" a qualcuno e stringere rapporti che andavano al di là dei rigorosi e distaccati rapporti di lavoro. Da parte delle aziende l'approccio era reciproco: al nostro arrivo venivamo accolti dalle più importanti figure aziendali. Direttore generale, amministratore delegato, responsabile del sistema di gestione per la qualità, consulenti aziendali, portaborse vari ecc.. Le regole prevedevano che, nel caso fosse stata presente qualche figura estranea all'azienda (soprattutto i "consulenti per la qualità"), queste figure potessero assistere alla verifica ma senza facoltà di parola: quindi non dovevano intervenire (venivano definiti "osservatori"). La "colazione di lavoro"[4] era sempre, nella realtà, un pranzo lucilliano che poteva durare varie ore, anzi, le aziende lo utilizzavano come metodo per far perdere tempo al valutatore. Era l'unico momento nel quale le tensioni potevano subire un lieve allentamento e talvolta ci si concedeva il lusso di parlare anche di questioni extra lavorative.

L'attività veniva controllata meticolosamente dal nostro responsabile che leggeva attentamente tutti i documenti prodotti ed eventualmente ci comunicava le proprie osservazioni. Successivamente la documentazione veniva inviata ad un fantomatico Comitato Tecnico dell'Ente che si occupava della delibera della decisione finale, che nella stragrande maggioranza dei casi, era positiva; questo comportava l'emissione del tanto agognato certificato che veniva stampato su carta patinata e inviato all'azienda. Nessuno ha mai capito bene chi fossero i componenti del Comitato Tecnico: su questo si è sempre preferito conservare un alone di mistero. Sapevamo solo che si occupavano delle delibere riguardanti i nuovi certificati o i rinnovi.

Almeno nella forma c'era una parvenza di serietà. Poteva accadere che qualche azienda non fosse pianificabile per incompatibilità del nostro calendario con gli impegni delle aziende. In questo caso era sufficiente chiedere al nostro responsabile che venisse assegnata ad un altro valutatore.

Una volta ottenuta la certificazione, le aziende avevano comunque l'obbligo di sottoporsi a una verifica annuale da parte di un valutatore dell'Ente di Certificazione, che prevedeva un audit semplificato; ogni tre anni il certificato doveva invece essere rinnovato, con un audit simile a quello di certificazione.

---

4 Il termine, molto abusato, "colazione di lavoro" mi ha sempre irritato molto; quasi a voler equilibrare con le parole quello che sarebbe stato nella realtà un banchetto da cerimonia.

Quindi, dopo qualche giornata di consulenza e varie montagne di carta stampata, e dopo avere pagato l'Organismo di Certificazione, si arrivava al fatidico giorno dell'audit (a seconda delle dimensioni dell'azienda la verifica poteva durare anche più giorni).

Agli albori della mia carriera le cose potevano andare generalmente in questo modo: il valutatore arrivava in azienda puntuale e agghindato come se dovesse partecipare a un matrimonio; preventivamente il valutatore aveva provveduto a contattare l'azienda, concordare la data dell'audit e inviare il piano di audit che conteneva l'elenco dei processi oggetto di verifica e il tempo assegnato, nonché la collocazione temporale. In azienda veniva organizzata una riunione iniziale con tutte le figure apicali dell'organizzazione dove il valutatore ricordava quali fossero gli obiettivi dell'audit, si chiedeva conferma che tutti i responsabili di processo fossero disponibili negli orari previsti ecc.. Incominciava quindi la verifica che spesso vedeva momenti di vera ansia da parte delle figure che la subivano. Nonostante fosse di fatto una farsa, l'etichetta era fondamentale e si doveva dare l'impressione che la certificazione fosse una cosa sudata (e non una cosa "acquistata sul mercato" come era nella realtà). Verso mezzogiorno l'Azienda si preoccupava di portare a pranzo l'ispettore, generalmente in ristoranti con minimo cinque stelle. Il pranzo poteva durare anche mezza giornata ed era l'unico momento nel quale era concesso discutere di questioni che non fossero strettamente legate al lavoro. Si rientrava in azienda e spesso si proseguiva fino a tarda ora, con stress e panico da parte dei lavoratori che tuttavia alla fine erano soddisfatti per l'illusione che, grazie al loro impegno, si era ottenuta la mitica certificazione. Qualche tempo dopo all'Azienda veniva inviato il certificato con il "logo" dell'Organismo di Certificazione, il "logo" dell'Organismo di Accreditamento", il "logo" del circuito internazionale che garantiva il mutuo riconoscimento del certificato anche in paesi esteri dei quali si ignorava l'esistenza, ed eventualmente qualche altro "logo" specifico del settore merceologico (medicale, automotive, alimentare ecc.). C'erano così tante patacche su questi pezzi di carta che si faceva veramente fatica a capire il senso di quello che si era ottenuto.

E così il nostro responsabile iniziò ad affidarmi le prime attività; inizialmente erano cose relativamente semplici, come l'impresa dell'Ing. Martina, nonostante l'insidia dell'attività di progettazione.

Poi le cose si complicarono e mi vennero affidate verifiche che richiedevano parecchie giornate in aziende con centinaia di addetti. Tra i tanti problemi c'era anche quello dell'attribuzione dei tempi ai vari processi; i tempi a me sembravano estremamente eccessivi. Per i miei colleghi invece non era così; poi mi resi conto del motivo – generalmente erano molto logorroici e si divertivano tutti a perdere un sacco di tempo in discorsi completamente inutili oltre che estremamente noiosi e ripetitivi. Chiesi quindi aiuto a una mia ex compagna di università che svolgeva lo stesso lavoro per un altro Ente di Certificazione.

Le mandai una e-mail per cercare di capire come potessi stare per un'ora a fare domande al responsabile del personale di un'azienda e lei mi rispose in questo modo: *"Per quanto riguarda il tempo di audit, se non capisci fai finta di capire, intanto pensa pure ai fatti tuoi ma ogni tanto intervieni ripetendo quello che ti hanno appena detto, per esempio, "adesso è chiaro allora è il sistema che dà l'input per l'acquisto dei materiali, ecc.). Fai domande molto generali che vanno sempre bene (es.: ma l'ufficio acquisti per ordinare il materiale come riceve le informazioni? ecc.). Nell'ufficio del personale chiedi di vedere i supporti didattici rilasciati ai vari corsi (es. documentazione), verifica se sono ben archiviati (e non lo sono mai, quindi consiglia di archiviarli con cura); poi chiedi cosa succede se chi ha fatto il corso lascia la ditta (il supporto didattico in genere se lo porta via, e tu consiglia di fare in modo che l'originale resti all'azienda che ha pagato il corso – ti saranno grati del consiglio) – tempo previsto circa quindici minuti (eventualmente vai in qualche ufficio distante, così passeggi un po', a vedere come archivia. Adesso con la nuova norma devi verificare anche l'efficacia della formazione effettuata e di regola nessuno ha ancora capito che cos'è, tutti pensano solo alla valutazione del corso da parte del partecipante, tu consiglia che può essere il diretto superiore che dopo un periodo adeguato valuta se il dipendente ha appreso qualche cosa dopo il corso (e su questo argomento puoi stare circa quindici minuti). Puoi anche consigliare (come da ISO 9004) una indagine sulla soddisfazione dei dipendenti. A questo punto con il caffè e un po' di discorsi generali sei alla fine dell'ora.*"

E poi ti dico un'altra cosa:- "*Quando trovi la merda, più la giri e più puzza*". Ricorda questa frase e poi ne parleremo tra qualche tempo.

9 LA QUALITÀ IN PRATICA (OBSOLESCENZA PROGRAMMATA)

E' opinione comune che le aziende dotate di un sistema di gestione per la qualità operino in modo qualitativamente superiore alle altre e quindi, pur nell'ambito di una certificazione di sistema (quindi una certificazione che interessa solamente gli aspetti organizzativi e non strettamente legati ai prodotti), di fatto anche i prodotti o i servizi erogati dovrebbero essere indirettamente migliori. Il termine "qualità" che compare nel titolo della norma e sui certificati rilasciati alle aziende, di fatto ha una profonda azione psicologica sui clienti comunicando che si tratta di prodotti o servizi di qualità senza che necessariamente questo sia vero: di fatto, a livello più o meno inconscio, il messaggio che viene recepito è che si tratta di prodotti/servizi di "buona" qualità.

Non è invece assolutamente così. Avere un sistema di gestione per la qualità implica necessariamente avere delle procedure interne che descrivono i processi dell'azienda, cioè le principali attività svolte. Di fatto viene messo nero su bianco chi fa che cosa, chi è il responsabile delle attività, come devono essere svolte, come devono essere controllate, quali criteri devono essere applicati per garantire il corretto livello di controllo e quindi per garantire la prevista qualità. Pur ammettendo che il sistema di gestione per la qualità sia correttamente applicato (e nella pratica non lo è quasi mai), questi aspetti non implicano necessariamente la qualità dei prodotti o dei servizi erogati. Ma c'è di più: il fatto di decidere quali livelli di controllo adottare e quale grado di qualità si desidera conseguire non implica assolutamente che questo livello di qualità sia alto quanto si attenderebbe un potenziale cliente. Paradossalmente ci si potrebbe impegnare per garantire un livello di qualità molto basso, e qualche azienda fa proprio così.

Mantenere un basso livello di qualità dei prodotti o dei servizi non preclude quindi l'ottenimento della certificazione; questo è un concetto da tenere ben presente perché spesso, a fonte di scandali, incidenti, treni che deragliano ecc. ci si sente chiedere:

-     "Ma questi chi li ha certificati?".

Un esempio clamoroso è quello dell'obsolescenza programmata applicata ad alcuni prodotti, in particolare agli elettrodomestici. Alcuni prodotti vengono infatti progettati per durare solo il tempo necessario per superare il periodo di garanzia previsto per legge. In alcune lavatrici, ad esempio, vengono collocati dei condensatori elettrolitici nei punti in cui avviene il maggior riscaldamento dell'apparecchio. In questo modo succede che il liquido elettrolitico all'interno del condensatore evapora e quindi il condensatore non funziona più. Il danno sarebbe di qualche centesimo di euro ma nessun tecnico vi dirà mai che si può riparare l'apparecchio con una spesa di qualche spicciolo. Piuttosto vi dirà che non esistono più i pezzi di ricambio perché l'apparecchio è fuori produzione oppure che sarebbe riparabile ma con un costo che supererebbe il prezzo di acquisto di un prodotto nuovo. E così si producono quantitativi impressionanti di rifiuti inutili. D'altra parte le aziende produttrici devono pur vendere prodotti nuovi se oltre ai vari costi di produzione bisogna mantenere persino un esoso Ente di certificazione che gli garantisce il mantenimento di un certificato di qualità. Quindi spesso ci si impegna al massimo per ottenere una qualità molto bassa in modo da garantire la sopravvivenza di tutti; anche la burocrazia ha il suo costo, e anche il pianeta paga a caro prezzo.

Per lo stesso motivo, i telefoni cellulari ad un certo punto cominciano a diventare lenti e a segnalare la mancanza di memoria; nonostante ci si precipiti a cancellare le fotografie più antiche, il problema persiste. Questo perché comunque alcuni software (che ora vengono chiamati "app" per questioni di "moda" e per aumentare il senso di novità) generano delle copie multiple dei file e le infilano in luoghi della memoria dove un individuo dalle medie conoscenze non andrebbe mai a cercare. Dopo un po' si prende lo smartphone e lo si sostituisce con un nuovo, buttando nei rifiuti un concentrato di tecnologia ancora attuale e un hardware costituito da molti metalli anche preziosi e pericolosi, oltre alle varie plastiche.

Un giorno mi trovai a condurre un audit presso un'azienda che progettava e costruiva macchine per la lavorazione di vari materiali; uno dei tecnici mi spiegò che il software da loro sviluppato era progettato in modo tale che dopo alcuni mesi le macchine iniziavano a rallentare sempre di più, fino ad arrivare al punto in cui era necessario un loro intervento che, a seconda delle situazioni (simpatia del cliente, il fatto che avesse saldato tutte le fatture in tempo, opportunità di nuove commesse ecc.), poteva risolversi con un banale "reset" del software oppure comportare la sostituzione di parti costosissime del macchinario; ovviamente si trattava di parti perfettamente funzionanti e che venivano poi recuperate e rivendute a prezzo pieno; un modo "ingegnoso" per generare nuove opportunità di lavoro a spese degli ignari clienti.

10 UN RUOLO SCOMODO

Il ruolo dell'ispettore/valutatore non è mai stato semplice. Innanzitutto ci si intrometteva nelle attività dell'azienda e, facendo interviste qua e là, si correva il rischio di mettere in luce alcuni aspetti dei quali i vertici dell'azienda non erano consapevoli. Quindi, una volta completata la nostra attività e lasciata l'azienda, qualche addetto poteva correre il rischio di trovarsi in difficoltà con i propri responsabili (ad esempio perché l'audit aveva messo in evidenza il fatto che qualcuno occultava o, peggio ancora, alterava qualche informazione oppure la presentava non nel modo opportuno ai propri "clienti" interni). Quindi non si sapeva mai bene fino a che punto fosse opportuno dire o scrivere alcune cose.

Poi, non dimentichiamo che il valutatore è una figura inviata da un Ente di Certificazione e a esso deve rispondere: un problema presso un cliente (una certificazione negata, una "non-conformità" di troppo o non gradita al cliente o al consulente ecc.) doveva comunque essere supportato da evidenze a prova di qualsiasi critica, considerando il rischio che il cliente si rivolgesse a un altro Ente di Certificazione. L'eventualità di perdita di un cliente ha sempre scatenato il panico all'interno degli Enti di Certificazione, e con il passare del tempo questo aspetto si è sempre più aggravato.

Poi c'è anche la figura del consulente della qualità: personaggio spesso ambiguo, molto spesso anche fortemente incompetente e da trattare con i guanti bianchi. Il consulente di fatto orienta il cliente nella scelta dell'Ente di Certificazione. Quindi, un problema con un consulente (una banale divergenza di vedute) poteva concretizzarsi con un cambio di Ente di Certificazione ma non solo del cliente oggetto dell'audit: magari di tutti i clienti seguiti dallo stesso consulente! È successo più volte che un Ente vedesse sparire di colpo una cinquantina di clienti! Ovviamente un fatto del genere comporta poi delle conseguenze nefaste sul valutatore incriminato che normalmente viene licenziato, trasferito ad altri incarichi o non più reclutato, nel caso di valutatori operanti come liberi professionisti. Evidentemente un valutatore che si trova chiuse le porte da parte di un Ente di Certificazione, si rivolge a un altro Ente al quale chiede di poter operare come libero professionista. Ma quasi sempre i valutatori non assunti da un Ente, operano anche come consulenti per la qualità; la conseguenza catastrofica è che il valutatore/consulente di turno, trasferisce in blocco tutti i suoi clienti al nuovo Ente per il quale opera come valutatore. E quindi è un macello!

La figura del consulente pone altri interrogativi. Esso infatti è quella figura che progetta il sistema di gestione per la qualità delle aziende e spesso – quasi sempre – si occupa di effettuare le verifiche ispettive interne ecc.. In fase di audit, se il valutatore riscontra qualche problema (cioè rileva qualche "non-conformità"), il consulente potrebbe essere visto come "poco professionale" da parte dei vertici aziendali. E questo è un rischio del quale il valutatore deve tenere conto, per evitare le problematiche descritte sopra (reclamo da parte del consulente verso l'Ente, rimprovero/licenziamento del valutatore ecc.). Quindi l'audit viene condotto sul filo del rasoio non sapendo mai bene come comportarsi, cosa dire, ecc.. Il valutatore ha quindi le mani legate e spesso non sa a cosa siano legate! Come se non bastasse, purtroppo i crucci del valutatore non finiscono qui! Sarebbe troppo semplice: basterebbe dire (e scrivere) che va sempre tutto meravigliosamente benissimo (a parte gli aspetti etici e professionali) e tutto sarebbe sistemato! Invece no! Dicendo che va tutto bene, si potrebbe indurre la direzione dell'azienda a pensare che, una volta avviato il sistema di gestione per la qualità, la figura del consulente fosse ormai diventata superflua (inutile!) e questo comporterebbe il fatto di non rinnovare il contratto con il consulente! Peggio di quanto scritto sopra! Un fatto del genere indurrebbe il consulente a reclamare presso l'Ente per il fatto che il valutatore non avrebbe svolto diligentemente il proprio lavoro, con le stesse conseguenze di cui sopra.

Quindi, ad un certo punto, i valutatori iniziarono a cercare dei compromessi. Nonostante la figura del consulente, qualora presente in fase di audit, avesse il ruolo di "osservatore" (persona che può osservare ma non intervenire), di fatto una buona soluzione poteva essere la seguente: ci si incontrava prima dell'audit, meglio se esternamente all'azienda – in un bar nelle vicinanze – e ci si metteva d'accordo:

- Senti, dimmi quante "non-conformità" vuoi che te le scrivo, anzi, dimmi tu quali sono gli argomenti sui quali posso/devo andare giù un po' più pesante e quali sono quelli sui quali devo sorvolare, così evitiamo malintesi in azienda.

- Sì ma... ricordati che in azienda devi darmi del "lei".

Nei casi più drammatici si entrava in azienda insieme (consulente e valutatore) e si veniva accolti da una segretaria (in qualche caso anche dall'addetta alle pulizie) che ci faceva accomodare in una stanza spesso priva di finestre; nessuna figura dell'azienda si faceva vedere per tutto il giorno, quindi si scriveva un finto rapporto di verifica molto generico e si andava via. Gli unici rapporti con l'azienda erano nel momento della firma del rapporto di audit e, a volte, quando ci offrivano il caffè a metà mattina. Ma a qualche collega è successo anche di peggio: persino di non andare in azienda e scrivere il rapporto privatamente facendo uno scarabocchio al posto della firma del titolare.

Uno di questi audit particolari era presso un'azienda seguita dal consulente dottor Giampi, della nota società di consulenza Arturo Consulting, dove operavano anche i due titolari, padre e figlia. Ebbi modo di conoscere il padre in una delle occasioni in cui non riuscivo a trovare l'azienda per un problema di toponomastica, di cui parlerò più avanti. Nessuno in azienda riusciva a proferire una parola in italiano. Avrei voluto chiedere alla segretaria se si fosse messa quel paio di scarpe per poter schiacciare le cimici negli angoli e se si fosse asciugata i capelli con il favonio. Ad un certo punto decisi di smettere di intervistare solo il consulente e pretesi che qualcuno dell'azienda mi fornisse spiegazioni su una procedura. L'addetto mi disse:

- Questa procedura è stata installata ad usura dell'*essegicu*.

Mi pentii subito di avere preteso spiegazioni da un addetto dell'azienda. Guardai il dottor Giampi che però stava dormendo russando fragorosamente mentre scivolava dalla sedia come se fosse seduto sulle verze ed effettivamente qualche tempo dopo la figlia del titolare del suo studio lo liquidò malamente dicendogli:

- Ma va sulle verze!

Decisi quindi di farla finita e scrivere un rapporto di audit di circostanza. Alla fine del testo lasciai un pallino blu sul foglio chiedendo espressamente di stampare il documento a colori. Nessuno si accorse del pallino blu salvo il dottor Giampi che mi chiese spiegazioni. Gli dissi:

- E' la pillola azzurra di Matrix: "*Pillola azzurra, fine della storia. Domani ti sveglierai in camera tua e crederai a quello che vorrai! Pillola rossa, resti nel paese delle meraviglie e vedrai quanto è profonda la tana del bianconiglio!*" Direi che questi è meglio che rimangano lì a credere quello che gli fa comodo perché il giorno che dovessero svegliarsi sarà un incubo, altro che Matrix!

11 DA VITO

Un giorno mi recai in un'azienda in meridione. Venni accolto calorosamente e sulla scrivania c'era un cabaret colmo di croissant e altri dolci.

I miei tentativi di condurre il discorso verso argomenti di lavoro fallirono miseramente e non trascorsero neppure alcuni minuti che già avevo capito che avrei dovuto rinunciare. Gli interlocutori erano un pool di avvocati e un povero geometra.

Mi dissero quasi subito:

- Dottore, per pranzo la portiamo "Da Vito". "Si sfonda" dottore! Vedrà!

E così parlando di amenità varie venne anche l'ora di pranzo. Fui condotto in un ristorante un po' retrò; "vintage" come si direbbe oggi. Il ristorante era enorme ma completamente vuoto. Il titolare dell'azienda conosceva molto bene il gestore del locale e quindi mi condusse direttamente in cucina, dove c'era nientemeno che Vito in persona, vestito da cuoco.

- Dottore, le presento Vito. Gli hanno sparato quattro volte.

- Piacere, dissi io, ma subito mi corressi: No! Mi dispiace molto, anzi, volevo appunto dire che mi dispiace moltissimo: sono costernato.

Meglio non pensare in quali circostanze avessero sparato ben quattro volte a questo Vito che era ovviamente sopravvissuto altrettante volte. Non mi fu concesso di decidere niente. Arrivarono portate enormi di qualsiasi tipo di pesce commestibile che madre natura avesse reso disponibile sul pianeta. La giornata sostanzialmente trascorse al ristorante. Erano tempi nei quali nessuno leggeva i diari di audit e nessuno di preoccupava se fossero lunghi dieci pagine o dieci parole. L'Organismo di Accreditamento a quell'epoca non era ancora incattivito e quindi tutto andava bene e i certificati venivano rilasciati e venduti e peso d'oro, anzi, di più. Il famoso Comitato Tecnico dell'Ente era sempre una figura evanescente circondata da un alone di mistero.

Non seppi più niente di Vito. Probabilmente avranno tentato di spargargli per la quinta volta e magari saranno anche riusciti a fare centro. Io non so... e francamente non mi sono mai interessato. Fortunatamente non gli sparano mentre io ero nel suo ristorante!

12 A STANDARD WORKING WEEK (WITH TICKETS AND FUSION)

Monday. Arrivai puntuale negli uffici dell'impresa di pulizie dove avevo appuntamento per l'audit. Non ero mai stato da loro. Mi dissero subito che si occupavano di pulizie particolari in ambienti speciali: negli aeromobili. Mi portarono quasi subito sul luogo di lavoro, dopo essere passati dagli uffici del vicino aeroporto per farmi rilasciare il permesso di ingresso alla zona riservata agli operatori. Nel giro di pochi minuti mi trovai ai bordi di una pista dove decollavano e atterravano aerei di ogni genere. Mi fecero entrare nell'aeromobile dove i loro colleghi stavano già staccando i sedili per l'attività di "deep cleaning"; un Boeing 737, detto anche "the pig" in gergo aeroportuale. Tra i sedili c'era di tutto: siringhe usate, fazzoletti di carta sporchi e altri oggetti che non ho avuto il coraggio di guardare. Anche i forni venivano estratti per essere immersi in un liquido sgrassante. Mentre loro si dedicavano a questa attività, io decisi di fare un giro sotto il velivolo, giusto

23

per vedere il vano carrello che appariva inquietante per le varie colorazioni che avevano assunto i diversi metalli e per l'abbondanza di tubazioni e altri oggetti. L'attività finì con una bella spruzzata di shampoo all'esterno del velivolo e con la rimozione delle bande colorate che erano state messe a protezione dei tubi di Pitot. Mi dissero che un loro concorrente aveva omesso di proteggere i tubi di Pitot e l'aereo era poi precipitato! Non credevo che bastasse così poco, figuriamoci se un ispettore, abbandonato da solo nel vano carrello, avesse avuto l'iniziativa di svitare qualche raccordo…

Tuesday. Il giorno dopo fu la volta di una simpatica azienda che si occupava, tra le varie cose, anche di attività di verifica periodica dei misuratori fiscali; nome aulico per indicare i comunissimi registratori di cassa. Queste apparecchiature devono essere verificate periodicamente e le società che effettuano le verifiche periodiche devono essere periodicamente verificate da un ispettore di un ente di certificazione, che a sua volta è periodicamente verificato da un Organismo di Accreditamento. Il gioco di parole non è casuale. Una catena di controllori inutilmente pagati per verificare un semplice registratore di cassa che non si guasterebbe neanche volendolo fare guastare apposta (salvo che non venga preso a mazzate, ma di questo si accorgerebbero gli avventori dei locali). Quindi si doveva andare insieme all'addetto dell'azienda presso un esercizio commerciale e guardare che la macchina facesse bene i conti e stampasse gli scontrini in modo leggibile; la prima volta mi capitò di andare a fare visita a una simpatica parrucchiera completamente vestita di nero e con i capelli viola. Poi venne la volta dell'Oratorio della Chiesa del mio paese. Alla domanda:

-   Ma il registratore funziona? Vedo che dall'anno scorso è stato emesso un solo scontrino.

-   Certo che funziona… se funzionava l'anno scorso funzionerà anche quest'anno.

-   Ma… scusi "Don". Non fate gli scontrini ai clienti?

-   Ma… non saprei… non credo… nessuno li ha mai chiesti. Non è una cosa che interessa. I ragazzi vengono all'Oratorio per giocare, non per collezionare degli scontrini.

Wednesday. Audit in un'azienda che si occupava di progettazione, installazione e manutenzione di antenne per trasmissioni radio-televisive. Non era il primo audit in questa azienda; conoscevo bene la responsabile della qualità, sig.ra Diletta. Alcuni anni prima avevo svolto un audit della durata di cinque giorni… ci sono voluti almeno quattro giorni per capire com'era l'organizzazione… visto le complicazioni e le varie sedi. L'anno successivo mi dissero che l'azienda si occupava solo di progettazione e installazione di antenne. La parte riguardante la manutenzione era stata scorporata e affidata ad un'altra società, sempre certificata dallo stesso Ente; infatti poi l'audit fu assegnato a me. Tornai un'altra volta e mi dissero che la parte relativa alla progettazione era stata scorporata con un'operazione di spin-off. Quindi rimaneva solo la parte di installazione. A questo punto dissi che era meglio andare a vedere un cantiere e così mi condussero in auto in montagna. Faceva molto caldo ed era agosto. Eravamo in cinque in un'auto nera, compreso il loro consulente, con l'aria condizionata al massimo: pareva di essere in un congelatore. Arrivati quasi in vetta ci fu un guasto: il motore era fuso. Così ci ritrovammo sotto il sole senza più aria condizionata (finalmente! Io non ne potevo più: avevo i brividi dal freddo). Subito cercarono di chiamare in azienda per spiegare cosa fosse successo ma si resero conto che i telefoni non avevano campo. Il telefono della consulente invece funzionava regolarmente, infatti lei stava telefonando.

- Ciaooo Patrizia, non sai cosa mi è successo. Abbiamo fuso il motore dell'auto. No No, non è la mia, tranquilla! E' della ditta dove stavo seguendo un audit. Bla bla bla…

- Ciaoooo Vittoria, non sai cosa mi è successo… bla bla bla…

- …

- Ciaoooo Nasturzia, non sai cosa mi è succ…

- Scusi dottoressa Ferrini, potremmo usare il suo telefono vista la situazione di emergenza; il nostro non ha campo.

- Veramente è finita la batteria, sa… ho fatto almeno trenta telefonate…

E così ci trovammo seduti per terra; l'auto era rovente e quindi inutilizzabile anche solo per sedersi. Dopo mezza giornata, in azienda qualcuno si rese conto che eravamo spariti nel nulla e quindi vennero a cercarci e ci raggiunsero con un'altra auto aziendale, identica a quella fusa. Temevano che fossimo finiti in un burrone visto che anche l'auto non comunicava più la posizione sui loro schermi. Nel frattempo avevamo trovato il modo di trascorrere qualche ora seduti per terra all'ombra dei pochi abeti disponibili.

- Dottore le dispiace se non accendiamo l'aria condizionata? Non vorremmo rischiare un'altra fusione.

- Ma ci mancherebbe… anzi… mi pare una notizia fantastica.

Così arrivammo ai piedi dei tralicci dove erano installate le antenne. Dopo una verifica all'interno dei cunicoli, per prendere visione della documentazione, la consulente chiese se fosse possibile salire a vedere gli operai che, appesi a delle funi, stavano installando delle antenne paraboliche.

- Ma dottoressa! E' molto pericoloso! Poi… con i tacchi a spillo sulle scale fatte in metallo grigliato… non mi pare proprio il caso.

Per vendicarmi di quanto era accaduto per il suo uso scriteriato del cellulare e per avermi fatto aspettare mezza giornata seduto per terra, io dissi che invece mi sembrava un'occasione unica e irripetibile per vedere un ottimo panorama.

Quindi ci avventurammo sulla torre fino quasi in cima. Credevo che la consulente avrebbe avuto dei problemi e si potesse incastrare con i tacchi nel invece dovetti ricredermi. Anche con i tacchi a spillo è possibile camminare sulle scale in grigliato; è stata una scoperta tecnica sorprendente. Quindi tornammo in sede per la conclusione dell'audit.

Thursday: attività di installazione di un impianto elettrico in un negozio di Rivoli dove gli unici articoli in vendita erano le candele, oltretutto della stessa marca. La titolare mi disse che gli operai stavano lavorando in un sotterraneo sotto il pavimento del suo negozio. Mi disse che i sotterranei collegavano, secondo quanto si diceva, Rivoli a Torino. Erano però infestati da fantasmi, spettri e spiriti maligni di ogni genere. Io dissi che se fosse stato così non sarebbe stato un problema, ma purtroppo temevo che fossero infestati da bisce, ragni, scarafaggi, topi ecc… altro che spettri. Quindi avrei tranquillamente fatto a meno di vedere gli operai che lavoravano. Chiesi di farmi vedere un po' di documenti e feci un bel "copia e incolla" sulla mia lista di riscontro. A tutto c'è un limite! Non ero pagato per lavorare nei cunicoli umidi e pieni di animali molesti. Lei mi ringraziò e mi regalò anche una candela.

Friday. Finalmente anche questa settimana lavorativa era finita. Audit in un'azienda di impianti elettrici. Mi dissero che installavano impianti elettrici particolari in zone speciali: le piste degli aeroporti. Quindi la settimana finì esattamente come era iniziata: in un aeroporto, anche se in una città diversa. Solita trafila per ottenere il permesso di ingresso nella zona riservata. Il permesso andava esibito in un posto di controllo a bordo pista, che noi raggiungemmo in auto. Lasciammo l'auto fuori ed entrammo uno alla volta. Ci fecero depositare tutti gli effetti personali nello scanner a raggi X. Poi ci fu una perquisizione particolarmente dettagliata: mi infilarono le mani ovunque. A questo punto chiesi:

-    Ma scusi… vuole per caso vedere anche il Kalasnikov che abbiamo lasciato in auto oppure quello può entrare senza palpazioni?

Gli addetti mi guardarono sconcertati.

-    Ma dottore! Cosa sta dicendo? Vuole che ci arrestino?

-    Era solo per capire come viene gestita la sicurezza in questo aeroporto…visto che gli umani vengono palpati ovunque e le automobili invece entrano tranquillamente… Beh, meglio non farsi troppe domande.

Così ci trovammo ancora a bordo pista a vedere gli operai che installavano cavi tra i vari cunicoli mentre gli aerei atterravano a pochi metri da noi. Avevano in gestione anche i PAPI[5], nonché gli impianti nella torre di controllo. La potenza elettrica impegnata per questi impianti era incredibile. Quindi mi fecero visitare anche la torre di controllo con gli addetti che, ignari dell'audit in corso, si scambiavano delle tessere che mi ricordavano quando giocavo a domino, dove erano indicati i dati degli aerei che dovevano essere gestiti perché appena atterrati o in fase di atterraggio.

Saturday: sleeping. Anzi… credevo di potermi riposare un po'. Invece alle 8 suonò il telefono.

-    Dottore, mi scusi per il giorno e per l'orario ma preferisco dirglielo subito. Ho un problema per lunedì. Non posso ospitarla.

-    Scusi… ma lei chi è?

-    Sono quello della manutenzione dei giardini?

-    Veramente il mio giardino lo gestisco da solo. Non capisco.

-    Ma no! Non ha capito. E' per l'audit al sistema di gestione per la qualità.

---

[5] Precision Approach Path Indicator

- Dove? Nel mio giardino?

- No. Io sono quello della ditta di Firenze. Non si ricorda? Abbiamo l'audit lunedì.

- No. Anche perché lunedì io dovrei essere in ufficio, visto che non ci vado da mesi.

- Veramente abbiamo un audit; mi ha chiamato ieri la sua segretaria.

- Ah. Complimenti! A me non ha detto niente. Adesso capisco.

- Comunque abbiamo programmato un audit per lunedì ma poi ci ho ripensato visto che abbiamo in programma lo spostamento di cinquecento conche medicee e la sua presenza sarebbe un intralcio non da poco. Quindi lasciamo perdere.

- Beh… quindi nessuno mi ha detto che ci sarebbe stato un audit lunedì mattina a Firenze e lei mi sta dicendo che è anche annullato, senza peraltro una comunicazione ufficiale!

- Allora venga! Cosa vuole che le dica? Oppure non venga. Veda lei.

- Ma io non ho avuto nessun incarico…Le farò sapere.

Quindi dovetti alzarmi, accendere il computer, guardare nel portale dell'Ente e verificare che effettivamente avrei dovuto essere a Firenze il lunedì mattina alle 9. Evelina, la segretaria, non mi aveva neanche avvisato.

Richiamai il tipo e gli dissi che ci saremmo visti entro le 9 come d'accordo.

- Ma scusi… non potremmo almeno fare martedì?

- Veramente ho verificato che il vostro certificato scade proprio martedì, e ci troviamo in questa situazione perché voi avete aspettato fino all'ultimo momento e l'Ente non mi ha informato di nulla perché voi avete pagato le fatture solo ieri…

- Appunto… il certificato scade martedì e quindi possiamo vederci martedì. Perché vede… le spiego… noi in inverno non abbiamo attività, quindi non è possibile farvi vedere nessun cantiere. Dalla primavera iniziano i lavori ma noi dobbiamo lavorare, quindi non abbiamo tempo di ricevervi e neanche di pagare le fatture.

- Ah. Capisco. Quindi? Comunque per martedì ho già un impegno a Trieste; sono l'unico ispettore libero lunedì, per questo mi hanno affidato la vostra pratica last-minute, senza neanche dirmelo oltretutto. Quindi ci vediamo lunedì oppure lunedì.

- Mi faccia pensare e poi la richiamo…

Sunday:

27

- Buongiorno, sono quello di ieri. Si ricorda?

- Ci mancherebbe... aspettavo la sua chiamata.

- Allora va bene, ci vediamo domani...

Neanche nel fine settimana si poteva stare un po' tranquilli.

13 EMINENZE GRIGIE

Trascorsi alcuni anni, in seguito ad una ristrutturazione aziendale, le cose cambiarono radicalmente. Avevamo innanzitutto capito che era assolutamente inutile presentarsi vestiti con giacca e cravatta per evitare di apparire ridicoli nei luoghi di lavoro dove tutti indossavano degli abiti comodi e talvolta logori. Poi, ormai le verifiche (gli audit) non si pianificavano più con le aziende; generalmente si telefonava al consulente di turno e ci si metteva d'accordo direttamente! E pensare che teoricamente il consulente non avrebbe avuto nemmeno il diritto di intervenire all'audit Questo accadeva perché molti consulenti operavano anche in qualità di valutatori e quindi era presumibile che avessero poche giornate a disposizione. Poteva addirittura capitare che l'audit venisse svolto intervistando esclusivamente il consulente; tanto lui (o lei) era a conoscenza dei processi aziendali e spesso era una persona più adatta ad interpretare il linguaggio *qualitatese* e a rapportarsi con un valutatore. Inoltre, ad un certo punto l'Ente ci costrinse a compilare una lista di riscontro interminabile, in sostituzione del vecchio diario di audit che inizialmente veniva addirittura vergato a mano. La lista di riscontro veniva continuamente modificata e ad un certo punto diventò talmente lunga e complicata che ci volva una buona dose di fantasia per riuscire a compilarla in tutte le parti; quindi era inutile perdere tempo in azienda con personaggi poco inclini al raggiungimento dell'obiettivo (che non era più quello di concludere correttamente l'audit ma era diventato quello di riuscire a compilare la lista di riscontro per l'Ente).

Gli addetti delle aziende talvolta si limitavano a mettere a disposizione un ufficio e firmare il rapporto di audit a fine giornata; notare bene che si parla di rapporto di audit e non più di rapporto di non-conformità. Con la mole di lavoro da svolgere e i potenziali problemi con le aziende, i consulenti e l'Ente di Certificazione, nessuno aveva più il tempo né la voglia di mettersi a scrivere addirittura delle "non-conformità" rischiando quantomeno di dover dedicare parecchio tempo a doverle discutere. Ma, come se non bastasse, mi è anche capitato che un consulente mi dicesse che non aveva fisicamente il tempo di recarsi in azienda e quindi mi propose di svolgere l'attività nella sua abitazione. Andò proprio così: la moglie era al lavoro, i figli erano a scuola e l'azienda oggetto di audit era impegnata in altre faccende ed era addirittura inconsapevole che si stava svolgendo un audit. Quindi scrissi il rapporto di audit nella sua cucina, vicino alla macchina per cuocere il pane, e lo consegnai al consulente che mise una firma illeggibile e poi lo inoltrò via mail all'azienda, giusto per essere archiviato. Nessuno lo lesse presumibilmente.

Ma successe anche di peggio: una consulente mi telefonò un giovedì pomeriggio disperata dicendomi che proprio non aveva tempo e mi propose di inviarmi tutto ciò che poteva via mail. In quella settimana avevo trascorso due giorni in Provincia di Cuneo e poi mi ero trasferito, con un viaggio delirante, in Provincia di Venezia per altri due giorni. Il venerdì avrei dovuto essere nell'azienda di cui lei era consulente. Mi disse che era impossibilitata. Io invece ero distrutto dalla trasferta e dagli spostamenti e quindi evitai di chiederle se il suo impedimento era perché doveva recarsi dalla parrucchiera oppure per motivi più nobili. Mi inviò tutto via mail. Lessi velocemente alla rinfusa tutto ciò che mi aveva mandato in una camera d'albergo microscopica, senza aria condizionata e con drappeggi ottocenteschi ovunque che rendevano l'atmosfera ancora più insopportabile. Nel giro di qualche minuto, grazie a un fantastico "copia e incolla" realizzato ad arte, e in base all'esperienza, misi insieme tutti i documenti, compreso un diario di audit totalmente inventato. Scrissi un rapporto generico ma particolarmente convincente e le inviai tutto. Non servì neanche ricevere una copia firmata. Caricai i documenti sul portale dell'Ente e il giorno successivo una fantomatica commissione deliberò il rinnovo del certificato senza battere ciglio (ammesso che, trattandosi probabilmente di un meccanismo informatico, esistesse qualche ciglia da battere). Ad un certo punto infatti venne istituito un portale web dove si dovevano caricare i documenti: poteva anche succedere che nessuno li leggesse; una volta terminato il caricamento, con un "click" sul bottone giusto, partiva automaticamente l'attività di delibera dei certificati: nessun intervento umano era più richiesto, salvo in alcune situazioni particolari. Non si resero neppure conto che avevo caricato i documenti il giorno precedente alla data prevista per l'audit! Questa prassi dissennata ebbe però delle pesanti conseguenze. Ad un certo punto, come vedremo in seguito, l'Organismo di Accreditamento iniziò a rendersi conto della drastica riduzione di non-conformità e cominciò a ritenere che ci fosse un certo lassismo da parte degli Enti di Certificazione; venne quindi istituita la figura del "deliberatore". Si trattava di ulteriori figure preposte ad analizzare i documenti prodotti dai valutatori al fine di accertare che gli audit fossero condotti con sufficiente perizia. Chiaramente anche i deliberatori dovevano giustificare il loro operato nei confronti dell'Ente e quindi talvolta si accanivano, quasi sempre in modo improprio, con qualche valutatore generando problemi assolutamente inesistenti e la cui soluzione, una volta concluso l'audit, diventava quasi sempre impossibile. La tecnica più efficace era quella di ignorare un concetto fondamentale alla base delle verifiche ispettive e cioè che gli audit presupponevano un "campionamento" delle attività, essendo impensabile verificare tutto ciò che l'azienda aveva fatto nell'ultimo periodo. Un'obiezione come "per quale motivo non si è verificato che lo strumento di misura utilizzato per certificare l'impianto fosse stato tarato?" metteva profondamente in difficoltà il valutatore che non aveva più nessuna possibilità di giustificazione, anche se la spiegazione era talmente banale e non avrebbe richiesto alcun chiarimento. La spiegazione è che questa verifica non era stata fatta perché era stata controllata la taratura di quasi tutti gli altri strumenti di misura, ed essendo l'audit per sua natura un'attività "a campione", poteva anche capitare che proprio lo strumento in oggetto non fosse stato campionato per il relativo controllo.

Quindi, a seconda del valutatore esaminato, che poteva essere preso di mira per i motivi più svariati oppure poteva godere di particolari privilegi per questioni di eminenze grigie, a seconda dell'umore del deliberatore e magari di quanto fosse importante il cliente, ci si poteva accanire duramente su questioni di poco conto generando problemi di lana caprina oppure si potevano tranquillamente ignorare cose anche molto importanti: il solito discorso dei due pesi e due misure. Oltretutto alcuni deliberatori erano figure esterne (operanti quindi con partita IVA) e dovevano perciò giustificare il loro operato adottando un atteggiamento draconiano e generando inevitabilmente problematiche prive di senso. A volte concludere un audit poteva essere peggio che passare sotto le forche caudine.

14 Il Settore EA28

Potrebbe sembrare il suggestivo nome di un negozio di abbigliamento per persone che vogliono ma non possono, invece non è così. EA28 è la sigla di European Accreditation 28. Il codice attribuito all'infelice quanto complesso settore delle costruzioni e affini. Il settore comprende infatti le costruzioni vere e proprie e gli installatori di impianti di ogni genere (impianti elettrici, di riscaldamento, di condizionamento, di antenna ecc.).

Il sistema delle certificazioni prevede infatti una classificazione dei settori merceologici allo scopo di mettere a disposizione regolamenti specifici[6] per l'applicazione delle norme stesse tenendo in considerazione le particolarità applicative. La suddivisione in settori merceologici (comunemente riferiti come "settori EA") è utile anche per attribuire le abilitazioni ai valutatori, sulla base dell'esperienza lavorativa e dei titoli di studio[7].

Tra i vari settori di accreditamento, come già scritto, uno dei più particolari e più insidiosi è il famigerato 28 – incubo dei valutatori e degli Enti di Certificazione, nonché delle aziende certificate.

Le insidie sono principalmente dovute al fatto che l'audit prevede sempre una visita presso un cantiere in attività. Ragionevolmente, le attività da verificare devono essere significative in relazione al dominio di certificazione; se un'azienda è certificata (o intende certificarsi) per le attività di "costruzione e restauro di edifici civili e industriali, installazione e manutenzione di impianti elettrici, di riscaldamento e condizionamento ecc." e magari anche "bonifica di siti contaminati ...", eseguire un audit è può diventare un'impresa rocambolesca.

Nei primi anni, quando ancora si prendevano appunti scrivendo con la penna era formalmente sufficiente, anche se praticamente estremamente riduttivo, andare a vedere un cantiere qualsiasi e solo se le condizioni lo consentivano; il fatto che nevicasse o anche solo piovesse, era un motivo più che valido per evitare di sporcarsi le scarpe e quindi era sufficiente scrivere le motivazioni sul diario di audit. Qualche valutatore aveva anche preso l'abitudine di scrivere su tutti i suoi documenti "cantiere non disponibile causa avverse condizioni meteo (neve)"; poi magari il rapporto era datato 18 agosto ma nessuno obiettava. Poteva capitare anche che un'azienda con un dominio di certificazione complesso come quello descritto in precedenza, portasse il valutatore in un cantiere dove era in corso la sostituzione di qualche lampadina; tutto sommato si trattava effettivamente di manutenzione di un impianto elettrico! Quindi nessuno si scandalizzava.

---

[6] Sia l'Organismo di Accreditamento che gli Enti di Certificazione mettono a disposizione una gran mole di documenti (Rapporti Tecnici, Procedure, Istruzioni Operative, Modulistica ecc...) specifici per i vari settori merceologici (oltre ai documenti di validità generale). Leggere tutto e seguire i frequenti aggiornamenti di tutti i documenti è un secondo lavoro praticamente ingestibile. Pretendere di leggere tutto sarebbe come gettare un bicchier d'acqua in mare sperando di alzarne il livello.

[7] In realtà le abilitazioni ai valutatori venivano concesse soprattutto in base alle "raccomandazioni", agli "inciuci" e ad altri parametri, come si vedrà nel seguito.

Anche la verifica che gli audit interni[8] fossero stati condotti correttamente era svolta con assoluta negligenza. A rigore di logica, dal momento che la norma prevede che si tengano sotto controllo tutti i processi e che gli stessi vengano monitorati come descritto nelle procedure/istruzioni predisposte, come ovvia conseguenza anche gli audit interni devono essere svolti su tutti i processi, cosa che in realtà non avviene sostanzialmente mai e pochi valutatori hanno da obiettare.

Questo, come già detto, avveniva nei primi anni di applicazione di questa norma, anni nei quali l'obbligo di certificazione ISO 9001 fu peraltro sancito da una legge per le aziende che intendessero partecipare ad alcuni tipi di appalti pubblici (principalmente in relazione all'importo a base di gara). L'obbligatorietà per legge della certificazione ISO 9001 provocò peraltro un aumento vertiginoso nel numero delle richieste, a vantaggio dei consulenti e degli Enti di Certificazione.

Ad un certo punto le cose iniziarono a cambiare, inizialmente in modo molto subdolo ma poi precipitarono. Ci si rese innanzitutto conto che il cantiere oggetto dell'audit doveva essere "significativo" in relazione al dominio di certificazione; nessuno però si poneva il problema della completa copertura del dominio di certificazione. E' capitato di visitare un'impresa di costruzioni che era stata certificata, anni prima, per le attività di "costruzione di porti, aeroporti, metropolitane, ..." ecc.. Il dominio di certificazione era talmente lungo che non era stato possibile stamparlo su un unico foglio! Mi portarono in un cantiere dove stavano facendo un piccolo scavo con un piccone per piantare un ulivo. Dopo avere fatto notare che non era esattamente un'attività degna di essere documentata in un diario di audit e dopo avere discusso un po' con l'impresa che evidentemente non voleva farmi vedere un vero cantiere, magari perché erano consapevoli che i documenti non erano compilati nel modo previsto oppure, come spesso succede, perché non c'era nessun documento da vedere, decisi di telefonare a un collega per chiedere cosa avrebbe fatto lui. La risposta fu lapidaria:

– Questi pagano? Allora inventa qualcosa e scrivi che va tutto bene! Magari digli solo che avrebbero avuto l'opportunità di dimostrare quanto erano bravi a costruire e invece si sono limitati a dimostrare di saper fare un buco per terra, così ti togli qualche soddisfazione.

La goccia che fece traboccare il vaso fu legata ad un episodio scandaloso del quale stranamente si è perso memoria anche nella rete: a distanza di pochi anni, non è infatti più possibile trovare notizie riguardanti questo fatto; evidentemente si tratta di notizie scomode per la credibilità dell'intero sistema e qualcuno ha pensato di farle rimuovere[9]. Di fatto è successo che un Ente di Certificazione ha emesso falsi certificati di qualità addirittura retrodatati ad aziende che "acquistavano" i certificati per partecipare agli appalti pubblici. L'Ente di Certificazione aveva al suo servizio un gran numero di valutatori per i quali aveva acquisito i relativi curriculum vitae, titoli di studio ecc. Peccato che, ad una verifica effettuata in seguito a una "soffiata" ci si è resi conto che i curriculum erano assolutamente falsi e relativi a persone inesistenti. La bonifica reputazionale

[8] Cioè le verifiche svolte all'azienda da figure interne all'azienda stessa o dal loro consulente (si tratta di attività di auto-controllo previste dalla norma ISO 9001).
[9] Forse non tutti sanno che esistono aziende specializzare nell'attività di "bonifica reputazionale" che provvedono a far rimuovere dalla rete tutto quanto non è gradito perché lede la reputazione di qualcuno.

ha comportato anche la *rivergination* dell'Ente. Non essendoci più notizie in rete posso solo basarmi sui miei ricordi: deve essere successo che qualche azienda avesse partecipato a un appalto pubblico dichiarando di essere in possesso della certificazione ISO 9001, cosa evidentemente non vera. Una volta vinto l'appalto, l'azienda ha dovuto presentare il certificato e... a questo punto il certificato è stato "acquistato" da questo Ente che ha apposto una data antecedente alla partecipazione all'appalto. Qualche azienda concorrente, evidentemente risultata non aggiudicataria dell'appalto, essendo a conoscenza del fatto che l'azienda vincitrice non era in realtà certificata, ha denunciato l'anomalia scatenando un putiferio nell'ambito di tutti gli enti di Certificazione e dell'Organismo di Accreditamento che evidentemente non aveva operato con la dovuta diligenza.

Questo ha comportato un profondo cambiamento nella conduzione degli audit nel settore EA28. Il nostro responsabile ha immediatamente indetto una riunione con tutti i valutatori urlando "io non voglio mica finire in carcere per colpa vostra[10]!". Da allora siamo stati dotati di una check list particolareggiata da compilare con estrema precisione; fu in quell'occasione che venne istituita la figura del "deliberatore", cioè una persona che doveva verificare l'operato dei valutatori, leggendo accuratamente ogni documento prodotto. Poiché anche i deliberatori, come i valutatori, dovevano dimostrare che la propria attività fosse utile, si è verificato un accanimento esasperato nei confronti dei valutatori il cui operato veniva messo in discussione sistematicamente con critiche talvolta prive di senso ("nel suo diario di audit manca una virgola alla centoventicinquesima riga" ecc.). Alla conclusione di ogni audit, dopo avere trasmesso i documenti, si poteva scatenare una vera guerra per dover giustificare il proprio operato a fronte di critiche spesso insensate. Inoltre, nuove regole avevano stabilito un criterio di campionamento delle attività di cantiere delle aziende, in relazione a quanto indicato nel relativo dominio di certificazione, che rendevano di fatto impossibile operare nel rispetto di tutti i vincoli. Ad aggravare la situazione anche il fatto che non tutte le aziende avevano cantieri attivi e disponibili per tutte le attività previste. Poteva anche accadere che un'impresa non avesse sempre disponibile un'attività di "restauro conservativo di opere sottoposte a tutela" ecc.. Magari l'unica attività disponibile era quella di costruzione di un immobile ad uso civile, già vista nel corso dell'anno precedente. In questo caso, si sarebbe dovuto comunicare all'azienda, che il dominio di certificazione sarebbe stato "ridotto" eliminando le attività non verificabili nel corso del triennio, cosa che scatenava spesso le ire da parte delle aziende che, vedendosi eliminata l'attività, non avrebbero più potuto partecipare ai relativi appalti pubblici. Insomma... un cane che si morde la coda e una guerra continua con i deliberatori e litigi senza fine con le aziende che talvolta cacciavano il valutatore a mal parole e successivamente telefonavano al responsabile commerciale dell'Ente manifestando le proprie rimostranze e creando ovviamente irritazione. Ad un certo punto infatti, gli Enti si erano dotati di figure commerciali che contattavano i potenziali clienti per "vendere" certificazioni. Anche questi personaggi erano di fatto in una situazione imbarazzante: cercavano di "vendere" un prodotto che di fatto si rivelava invendibile nel momento in cui il valutatore constatava che potenzialmente l'azienda avrebbe avuto i requisiti per essere certificata (o per mantenere la certificazione) ma non aveva un cantiere attivo nel giorno dell'audit o entro un periodo di tempo compatibile. Si cercò di tamponare parzialmente la situazione prevedendo che l'audit potesse anche essere posticipato di qualche mese, nel caso di indisponibilità di un cantiere adatto, ma la cosa ha solo parzialmente alleviato il problema. Il malcapitato valutatore si trovava quindi spesso a discutere animatamente con le aziende;

---

[10] Non finì in carcere, per quanto ne sappiamo, ma venne licenziato, senza alcun dispiacere da parte di nessuno.

successivamente si vedeva rimproverato duramente e maldestramente dal deliberatore di turno che non capiva mai molto ma era abile nel trovare il pelo nell'uovo con contestazioni talvolta bizzarre oltre che inopportune, poi magari il valutatore riceveva anche una telefonata dall'incaricato commerciale dai toni quantomeno irritanti:

- Ma ti sembrava il caso di essere così fiscale e di andare a cercare proprio il cantiere che non c'è? Non potevi fare finta di niente e magari andare a prendere qualche cantiere in fase di completamento e scrivere che era ancora attivo perché di fatto non essendo stato ancora prodotto il documento di "fine lavori" si poteva anche pensare che il cantiere fosse in attività ecc. no... no... non ti ho detto di scrivere il falso ma solo di essere un po' più elastico e...

- Ma guarda che il cantiere è stato chiuso cinque anni fa e ci sono già persone che alloggiano negli appartamenti e...

- Insomma... forse non mi sono spiegato: qua stiamo perdendo un cliente importante per colpa tua, ti rendi conto? Ma sai quanto paga per il mantenimento della certificazione? Lo stiamo praticamente "rapinando"! Per tua informazione. Quindi sappiti regolare in futuro! Click!

Il termine "rapinando" è stato usato proprio dal responsabile commerciale dell'Ente nel corso di una telefonata dai toni estremamente minacciosi ricevuta in seguito a una verifica presso un cliente che si è lamentato impropriamente e senza alcuna ragione, ma che ha ipotizzato di cambiare Ente di certificazione: il cliente è stato trattato con i guanti bianchi ed è stato assecondato – il valutatore no. Per evitare che gli venisse assegnato nuovamente questo cliente, è stata rimossa la qualifica nel relativo settore merceologico (cioè EA28), togliendo di fatto la metà delle aziende che normalmente venivano visitate dal malcapitato valutatore. Mobbing senza pudore!

Un giorno mi recai in un'azienda che non aveva nulla a che vedere con l'edilizia e non svolgeva nessuna attività di progettazione. Prima di andare in azienda lessi il rapporto di audit che il mio collega aveva scritto l'anno precedente e notai delle frasi che avevo già letto da altre parti e dove veniva data particolare enfasi all'attività di "progettazione" ... poi vidi che il collega aveva documentato accuratamente un'attività di bonifica da amianto in un sito industriale; non capivo molto, considerando che l'azienda non avrebbe dovuto occuparsi di edilizia né tantomeno di bonifiche ambientali. Andai in azienda e chiesi spiegazioni riguardo all'attività di progettazione e al cantiere di bonifica ambientale. La responsabile della qualità, una ragazza che di qualità non sapeva assolutamente niente, mi disse:

- Vede, il suo collega mi ha fatto firmare il rapporto e io l'ho firmato.

- Ma scusi... siete andati in un cantiere, oltretutto a 400 km dalla vostra sede?

- Assolutamente no, noi non gestiamo cantieri ma, come le ripeto, il suo collega ci ha fatto firmare le carte e io le ho firmate. Avrei potuto dire di no? Magari rischiando che ci togliesse la certificazione?

- E per quanto riguarda l'attività di "progettazione"?

33

–   Idem. Non so di cosa stiate parlando, visto che lei e il suo collega peraltro parlate la stessa lingua, lo chieda a lui!

Chiamai il collega a telefono:

–   Scusa, avrei bisogno di un chiarimento: come mai hai documentato un'attività di cantiere con tanto di verifica presso un cantiere che non risulta mai essere esistito e comunque sarebbe a una distanza non percorribile in una giornata oltre a un'attività di progettazione di cose che qui non fanno e…

–   Senti, … tutte le volte devo litigare con i deliberatori perché non documento mai correttamente le verifiche. Quindi adesso ho deciso che prendo qualche rapporto di audit qualsiasi, magari documentato bene e faccio un bel "copia e incolla" così nessuno si accorge di niente e sono tutti contenti!

–   Adesso che ci penso infatti, la parte che riguarda la progettazione mi ricorda qualcosa che avevo scritto io anni fa per un'altra azienda…

–   Può darsi: io quando faccio un "copia e incolla" non vado mica a leggere chi l'ha scritto e cosa ha scritto!

Sembra incredibile? È successo! Ma non una sola volta: molte volte. I deliberatori leggono attentamente, talvolta troppo attentamente; riescono a scovare le virgole mancanti e a generare problemi inesistenti gonfiandoli fino a creare situazioni la cui gestione fa perdere ore, giorni e talvolta mesi a valutatori, responsabili, consulenti ecc.. Poi non si accorgono se viene meticolosamente documentato un cantiere di bonifica ambientale e un'attività di progettazione a un'azienda che commercializza cancelleria! Figuriamoci se potevano rendersi conte dei rapporti di audit riciclati che venivano scaricati dal portale dell'Ente e gli veniva solo cambiata la data e l'intestazione. E così con un bel "copia e incolla" qualche valutatore privo di scrupoli risolveva anche gli audit più spinosi in cinque minuti.

Qualche tempo dopo andai in un'altra impresa di costruzioni sul Lago Maggiore dove mi dissero apertamente di non avere nessun cantiere disponibile (nel corso della mia telefonata di alcuni giorni prima mi avevano invece rassicurato sul fatto che avevano in corso alcune costruzioni). Mi dissero che l'unica possibilità sarebbe stata quella di tornare nello stesso cantiere dove io ero già stato l'anno precedente:

–   Si ricorda la villa della signora inglese dove abbiamo sistemato due piastrelle sul pianerottolo e lei ha scritto nelle sue carte che stavamo costruendo un villa da ottocento metri quadri?

–   Veramente io non ricordo nessuna villa e nessuna signora inglese tanto più che noi non ci siamo mai visti prima!

–   Come dottore? Non si ricorda?

–   Veramente no. Ora comunque prendiamo il rapporto di verifica dello scorso anno e vediamo subito chi l'ha redatto.

34

Con mio incredibile stupore tirarono fuori un rapporto di verifica con il mio nome e con i riferimenti ad una villa in costruzione sul Lago Maggiore.

- Eh, sì dottore, forse sta invecchiando!

Peccato solo che un'analisi più accurata della situazione fece emergere che: 1) io ero in un'altra Regione nel giorno di quell'audit, 2) il documento risultava essere stato caricato sul portale dell'Ente da un collega, 3) la mia firma era stata maldestramente falsificata.

I deliberatori dell'Ente non si sono neppure accorti che il nome del valutatore scritto sul rapporto di audit non fosse lo stesso della persona che ha condotto l'audit (o avrebbe dovuto condurlo, visto che a questo punto era evidente che si era trattato di una farsa). Quindi tutto passò inosservato e all'impresa fu confermato il certificato per un altro anno. A me non andò però altrettanto bene: dovetti documentare l'unica attività che era realmente stata svolta dall'impresa e cioè la costruzione di un piccolo box per auto annesso alla villa del titolare (praticamente erano un po' di mattoni cementati). Il deliberatore di turno si accanì come un cobra facendomi notare che io non avevo indicato quali strumenti di misura tarati periodicamente erano stati utilizzati, non avevo verificato il corretto processo di fornitura di calcestruzzo, non avevo verificato neppure che avessero effettuato una prova di slump per attestare la corretta fluidità del calcestruzzo ecc. ecc. ecc.. Il mio diario di audit fu utilizzato addirittura durante un'attività di formazione per illustrare a tutti come "non" doveva essere condotto un audit. Sembra incredibile!

Questa era l'ennesima conferma del fatto che alcuni valutatori venivano trattati diversamente di altri, soprattutto se appartenevano ad alcuni gruppi di persone che avevano l'abitudine di riunirsi, quasi sempre il venerdì sera, e che di fatto costituivano l'ossatura portante dell'Ente. Con il passare degli anni infatti cominciai a rendermi conto che quasi tutte le figure che operavano per l'Ente appartenevano ad alcuni "gruppi" che sfruttavano le situazioni di finto fanatismo religioso per ottenere dei vantaggi di tipo economico, o trattamenti di favore, e questo valeva anche per i clienti che sempre più spesso aderivano ad alcune organizzazioni che, di fatto, costituivano il braccio operativo in ambito imprenditoriale e finanziario di alcune organizzazioni di stampo cattolico[11]. Cominciai ad avere qualche sospetto quando mi resi conto che tutti i miei colleghi avevano degli impegni fissi in un certo giorno della settimana e nessuno voleva dire chiaramente che genere di impegni fossero. Un giorno, tornando in auto da una trasferta con un collega, gli chiesi se avesse notizie di un altro collega che non vedevo da anni e lui mi disse che si sarebbero incontrati la sera stessa, dopodiché mi resi conto che era in forte imbarazzo e si era pentito di avermelo detto. Lui incominciò ad arrampicarsi su vari specchi per tentare di uscire dall'imbarazzo e quindi non ci misi molto a capire che si trattava di una riunione di un gruppo settario. Qui non si tratta peraltro di criticare iniziative di persone che ritengono di doversi incontrare per le più svariate ragioni; il problema è il fatto che l'appartenenza a questi gruppi costituiva condizione sine qua non per continuare a operare per l'Ente; per quanto riguarda invece i clienti, l'appartenenza a questi gruppi comportava inspiegabilmente l'aggiudicazione di importanti gare di appalto, in modo alquanto misterioso (sicuramente si trattava di pure coincidenze!).

---

[11] Ad esempio, la Compagnia delle Opere, associazione imprenditoriale di ispirazione Cattolica considerata il braccio operativo di Comunione e Liberazione in ambito imprenditoriale e finanziario.

Tornando agli aneddoti originali: qualche valutatore esterno che operava principalmente in Campania, aveva avuto l'idea di non andare direttamente ad effettuare gli audit previsti, ritenendo più proficuo effettuare attività di consulenza nelle aziende. Quindi aveva escogitato la soluzione di mandare un amico al quale trasferiva parte dei compensi erogati dall'Ente: un vero "subappalto" di audit! Un'idea fantastica! L'amico effettuava l'audit e poi metteva il nominativo del valutatore incaricato e falsificava la firma, tanto sui documenti in formato elettronico era comunque difficile sostenere che la firma fosse falsa. Erano stati soprannominati "I Masanielli". L'informazione fu data all'Ente di certificazione da un mio collega infastidito della situazione ma ovviamente l'Ente fece finta di niente per evitare uno scandalo; quindi la situazione proseguì per il bene di tutti e nessuno disse più niente. Mi risulta che la pratica del subappalto dell'audit sia tuttora in uso, e comunque i Masanielli operano regolarmente.

Nel settore EA28 e soprattutto presso i cantieri, si doveva "guardare ma senza vedere troppo", nel senso che l'audit doveva essere documentato meticolosamente compilando una lista di riscontro specifica che, con il passare degli anni, è diventata talmente complicata che era difficile capire cosa si dovesse scrivere per non essere continuamente criticati dai deliberatori, anzi, forse era stata creata proprio in modo incomprensibile per fare in modo che i deliberatori avessero sempre qualcosa da criticare sull'operato dei valutatori, anche per apparire estremamente severi in fase di verifica operata dall'Organismo di Accreditamento (quindi per far bella figura a spese dei valutatori). A parte questo, si doveva prendere nota di tutti i documenti visti, scrivendo evidentemente a penna sul modulo quasi sempre stando in piedi (nei cantieri al massimo esiste una baracca di cantiere che sostanzialmente è un container) e poi, una volta tornati in ufficio, tutto doveva essere digitalizzato ricopiandolo con il computer in modo da fare contento l'Ente che almeno salvava la forma. Si doveva quindi prendere atto di una mole immensa di documenti che nessuno avrebbe mai avuto il tempo di leggere né tantomeno la voglia: POS, PSC, DUVRI, PSS, PIMUS[12] ecc. tanto per citare i primi della lunghissima lista. Si trattava di faldoni conservati nelle umide baracche di cantiere che spesso maceravano fino al punto che talvolta era anche difficile separare le pagine. A volte venivano portati proprio il giorno dell'audit in un paio di valigie, altrimenti potevano essere talmente umidi da essere assolutamente illeggibili ma tanto nessuno avrebbe mai pensato di stare in cantiere a leggere migliaia di pagine scritte in modo incomprensibile e quasi sempre riciclate da altri cantieri, al massimo con l'aggiornamento della data e del sito. In questo consiste il "guardare ma senza vedere troppo" di cui si parlava prima: ci si doveva accertare della presenza di tutti i documenti richiesti, prendendo i riferimenti della data di emissione, dell'indice di revisione ecc. ma senza entrare nel merito del contenuto. Mi è capitato di essere in un cantiere dove era in corso l'isolamento a cappotto di una villetta e aprire il POS (Piano Operativo della Sicurezza) e imbattermi nelle indicazioni per il corretto montaggio in sicurezza della sala operatoria! Chiusi immediatamente il POS facendo finta di niente! Ci mancava solo di scatenare un putiferio inutile, dopotutto l'audit riguardava la "qualità" e non la "sicurezza", aspetti peraltro oggetto di un'altra norma.

Anche per quanto riguarda i ponteggi l'osservazione doveva essere sufficientemente distaccata: praticamente in tutti i cantieri c'è un ponteggio non montato correttamente, per mancanza di tutte le parti ad esempio (spesso mancano le tavole fermapiede, i para-sassi ecc.) e quindi le imprese mettono un bel cartello

---

[12] POS: Piano Operativo della Sicurezza; PSC: Piano di Sicurezza e Coordinamento; DUVRI: Documento Unico di Valutazione dei Rischi Interferenziali; PSS: Piano Sostitutivo di Sicurezza; PIMUS: Piano di Montaggio, Uso e Smontaggio dei ponteggi.

con scritto "ponteggio in allestimento", intendendo affermare che il ponteggio non è completo perché ancora da completare. Peccato che il cartello con scritto "ponteggio in allestimento" viene mantenuto per mesi o anni e spesso è l'ultima cosa che si toglie, insieme al ponteggio stesso al termine dell'opera. Anche in questo caso bisogna accertarsi che ci sia la carta prevista, cioè il PIMUS ed eventualmente del cartello "ponteggio in allestimento" ma poi nessuno entra nel merito del fatto che il ponteggio sia correttamente montato e neppure che sia coerente con quanto previsto dal PIMUS.

Un giorno tornai nell'azienda che si occupava inizialmente di progettazione, installazione e manutenzione di antenne per il settore radiotelevisivo; azienda che da un certo punto in avanti ha iniziato a occuparsi solo di progettazione e installazione e poi solo di installazione. Mi raccontarono che, pur non occupandosi più di manutenzione da anni, l'attività di installazione richiedeva comunque la manutenzione delle antenne nel periodo di garanzia contrattuale. Quindi fecero un nuovo spin-off e subappaltarono le attività a una nuova azienda, che non era quella che si occupava di manutenzione ma un'altra il cui unico scopo era comunque la manutenzione delle antenne. La confusione ormai era ai massimi livelli, oltretutto non capivo più neanche a quale azienda stessi facendo l'audit, visto che i documenti e le persone erano sempre gli stessi. La responsabile della qualità di questa nuova azienda era infatti la sig.ra Diletta che era anche responsabile della qualità di tutte le aziende originate dai vari spin-off. Quindi mi trovai a fare audit alla stessa persona, visto che era l'unica interlocutrice disponibile, varie volte all'anno. Praticamente vedevo più spesso lei dei miei amici; ad un certo punto infatti cominciammo a svolgere gli audit al bar sorseggiando l'aperitivo. I documenti a supporto dei sistemi di gestione per la qualità erano sempre gli stessi ai quali veniva solo cambiata l'intestazione. A volte ci si dimenticava di cambiare qualche parola nel testo e invece di *manutenzione* si trovava scritto *progettazione* ma il senso era chiaro: un mega "copia e incolla", qualche quintale di carta inutilmente stampata e l'audit veniva superato! Ormai non ci potevo più fare niente e francamente mi ero un po' stancato di lottare contro i mulini a vento.

Nonostante tutte le insidie del settore, ho sempre svolto l'attività con la massima diligenza possibile, compatibilmente con le situazioni al limite: imprenditori in carcere al momento dell'audit, cantieri sommersi da due metri di neve, ecc.. Nei casi di imprese che partecipavano ad appalti pubblici oltretutto ho sempre cercato di analizzare e documentare a fondo ogni aspetto anche a tutela dell'Ente, oltre che del mio operato; forse anche per questo motivo ad un certo punto il direttore dell'Ente ha deciso che non avrei più potuto svolgere questa attività e mi ha messo nelle condizioni di andarmene, non rendendosi conto che mi aveva fatto un enorme favore consentendomi di voltare definitivamente pagina e iniziare a occuparmi di altro. La motivazione ufficiale e pretestuosa per questa richiesta di allontanamento è stata data da due reclami privi di senso pervenuti da due clienti per le seguenti ragioni:

Uno dei due clienti ha rifiutato di concordare una data per l'audit, nonostante gli avessi lasciato ampia libertà di scelta, avendolo contattato con molto anticipo. Ha iniziato quindi a rispondere alle mie mail minacciando di cambiare Ente se io avessi insistito. Evidentemente io dovevo insistere, visto che il regolamento prevede un'elasticità massima di trenta giorni oltre la data prevista dall'Ente. Quindi il tentativo di trovare un accordo per la data faceva parte delle mie mansioni. Nonostante questo, il cliente ha effettivamente cambiato Ente adducendo al fatto che io fossi stato insistente. Il direttore dell'Ente è andato su tutte le furie, ovviamente con me.

Il secondo caso ha riguardato invece un reclamo, altrettanto infondato, da parte di un cliente che si è visto ridurre lo scopo di certificazione. Semplificando il discorso per evitare di entrare in dettagli tecno-burocratici, le regole prevedono che le attività oggetto di certificazione debbano essere oggetto di audit almeno una volta ogni tre anni[13]; viceversa, il valutatore deve proporre all'Ente l'eliminazione dallo scopo di certificazione delle attività non verificabili. Il cliente evidentemente non ha alcun titolo per opporsi ma, capita che qualche cliente spigoloso alzi il telefono e inveisca minacciando di cambiare Ente di certificazione. Quello che succede in questi casi è che, se il valutatore fa finta di niente e il deliberatore di turno se ne accorge, il valutatore viene duramente rimproverato per non avere operato diligentemente. Ma se invece è il cliente a reclamare, pur di accontentarlo si rimprovera ancora il valutatore che, quindi viene sempre accusato di avere sbagliato a prescindere.

Condurre un audit era diventato, negli ultimi anni, come camminare in un campo minato, ignari di dove fossero le mine ma anche chi fossero gli amici e chi i nemici, che potevano anche cambiare di volta in volta. Non solo non si riusciva mai a capire da che parte stavano le varie figure istituzionali (clienti, consulenti, Ente) ma bisognava anche capire di quali organizzazioni eventualmente facessero parte. Mi è capitato di notare che un impresario avesse uno stranissimo anello color bronzo, molto ingombrante e con delle scritte e qualche ora dopo mi resi conto che anche il consulente avesse un anello identico; aspetti di fratellanza morale?

Ancora più pericolose erano le situazioni di appartenenza delle imprese a potenti organizzazioni imprenditoriali di ispirazione non propriamente laica, situazioni di cui il valutatore spesso non era a conoscenza, anzi, quasi mai. In questi casi condurre un audit poteva essere come camminare su una fune rovente a piedi scalzi sopra un branco di coccodrilli a digiuno. Potevano accadere anche degli eventi misteriosi, forse si potrebbe dire anche "miracolosi" considerando che si tratta di situazioni di derivazione pseudo-religiosa. Mi è capitato di documentare un audit scrivendo che purtroppo l'azienda era in una situazione di stasi e quindi non c'erano cantieri verificabili e l'Ente non è intervenuto in alcun modo né sospendendo il certificato né riducendone lo scopo (cose che avrebbero comunque messo fortemente in difficoltà l'impresa impedendole di partecipare ad appalti pubblici); invece non accadde nulla. L'anno successivo tornai nella stessa azienda e mi dissero che l'attività era ripresa a gonfie vele dopo l'adesione a una di queste organizzazioni e che inoltre l'Ente aveva mantenuto intatta la validità del certificato ignorando di fatto quello che era stato scritto dal valutatore. Questo a riprova del fatto che tramite queste organizzazioni anche gli appalti evidentemente vengono ridistribuiti con criteri particolari, o perlomeno questa è l'impressione (ogni tanto può capitare, come noto, che anche qualche esponente di punta della politica finisca in carcere con condanne definitive ad anni di reclusione, ma questa pare che sia solo la punta dell'iceberg, e comunque questi personaggi finiscono in carcere solo quando diventano scomodi, non prima!).

Mi è anche capitato di condurre quindici audit consecutivi ad un installatore di caldaie; la prassi, oltre che il buonsenso prevede che ogni tre anni sia necessario sostituire il valutatore. Anche questa regola può talvolta essere ignorata oppure resa inapplicabile, ad esempio perché l'Organizzazione cambia ragione sociale

---

[13] Come premesso, non è esattamente così ma la semplificazione è accettabile, anche per evitare di entrare nei discorsi di lana caprina che trattano delle attività affini e coerenti e del complicatissimo criterio di campionamento studiato senza tenere conto della realtà ecc..

38

ogni tre anni e quindi si configura di fatto come una nuova società. Questo installatore di caldaie aveva ogni anno l'audit nel mese di dicembre, spesso prima della settimana di Natale; è evidente che è rarissimo che qualcuno installi una caldaia la settimana prima di Natale, e quindi, nel corso di questi quindici anni, non c'è mai stato un cantiere da verificare. L'Ente non ha mai sollevato eccezioni e ha sempre mantenuto la validità del certificato, nonostante fosse stato scritto più volte che non c'era niente da vedere a parte la documentazione di attività svolte mesi e talvolta anni prima. Dopo alcuni anni in questa azienda e, considerando che l'Ente non prendeva iniziative, cominciai ad adeguarmi alla situazione, e quindi mi capitò di trascorrere mezza giornata al ristorante a cibarmi di prelibatezze di pesce; era l'unica cosa che valesse la pena fare. Non ho mai indagato sull'eventuale appartenenza di questa impresa a organizzazioni di varia natura ma dopotutto non ero pagato per fare indagini; semmai avrei cercato informazioni solo per capire come queste situazioni fossero sostenibili da parte di un Ente di certificazione.

Altro cliente affezionato era un'impresa di impianti elettrici cimiteriali. Il cliente era affezionato perché aveva due ragioni sociali e quindi io effettuavo audit per tre anni con una ragione sociale e per i tre anni successivi con l'altra. Però ero sempre io. L'impresa, pur essendo classificata nel settore EA28, in realtà svolgeva attività semplicissime: gli impianti erano realizzati facendo degli scavi con una zappetta e interrando due cavi elettrici in bassa tensione, e quindi senza rischi di causare danni. Gli audit presso gli uffici si concludevano con una chiacchierata; quelli presso i cantieri invece erano particolarmente imbarazzanti. Gli operai non sapevano mai cosa dire. L'ultima volta, accompagnato dalla titolare dell'impresa, andai in cantiere e cominciai a fare domande alle quali non riuscivano a trovare una risposta. Quindi chiesi semplicemente di dirmi cosa avevano fatto durante la giornata. Uno dei due operai presenti mi disse che aveva fatto un quadro (intendendo dire che aveva cablato un quadro elettrico che sostanzialmente non era altro che un banale trasformatore avvitato con quattro viti a una base di legno). La titolare, vedendo l'imbarazzo dei suoi operai disse:

Ah, un quadro! Complimenti, non sapevo che lei dipingesse anche! (Un esempio di "consapevolezza dell'attività svolta").

Un'altra volta dovetti recarmi presso un'azienda che si occupava di installazione e manutenzione di giunti di dilatazione per le autostrade (si tratta di quegli oggetti che quando ci si passa sopra in auto, principalmente sui viadotti, si sente "tunc-tunc"). Sono oggetti spesso in materiale sintetico, che devono essere riparati periodicamente: normalmente le attività vengono svolte nelle ore notturne limitando il traffico ad alcune corsie. La mia attività come valutatore veniva invece svolta di giorno; in orari nei quali non c'erano cantieri attivi. In azienda mi proposero di portarmi comunque sul posto durante il giorno per mostrarmi come avevano correttamente transennato il luogo di lavoro. Considerando che non c'erano altre soluzioni, purtroppo decisi di accettare di andare in cantiere, anche perché in azienda erano particolarmente noiosi, quindi sarebbe stata l'occasione per prendere una boccata di ossigeno. Almeno questo era quello che pensavo prima che mi spiegassero che, avendo transennato completamente un lungo tratto di una corsia di emergenza, gli era stato consentito di imboccare la corsia stessa nella direzione che loro ritenevano più opportuna, per evitare lunghi tragitti tra i caselli. Quel giorno, decisero di imboccare la corsia in senso opposto alla normale marcia, trasportandomi a 180km/h in autostrada contromano, con le auto che sfrecciavano presumibilmente almeno a 140Km/h. Un eventuale impatto sarebbe avvenuto ben oltre i 300km/h: peggio che schiantarsi con un bimotore. Quando mi sono reso conto di quanto stava accadendo ormai era troppo tardi per evitarlo. Fortunatamente arrivammo in "cantiere" e riuscirono anche a riportarmi indietro vivo.

Capitarono altri casi di superamento dei limiti di velocità; una volta mi trovai persino in auto con un conducente idiota a 220km/h in una strada dove il limite era 30km/h.

Mi capitò anche che, durante una visita in cantiere con l'auto del cliente, lui mi propose di percorrere una scorciatoia per rientrare prima in ufficio:

-   Non si preoccupi, si tratta di passare in un cunicolo sotto un'autostrada: in questo modo evitiamo un lungo percorso per raggiungere il primo cavalcavia.

E così imboccammo una strada di campagna e ci infilammo in un cunicolo largo quanto l'auto. Il fondo era saturo d'acqua e le ruote iniziarono a sprofondare facendoci impantanare. Non era possibile aprire le portiere e neanche uscire dal portellone posteriore perché era stata installata una rete di separazione; le ruote slittavano e si vedeva il fumo che saliva. Il conducente mi disse:

-   Non si preoccupi, al massimo stacchiamo il parabrezza spingendolo con i piedi: è fatto apposta!

Io avrei voluto dirgli che gli avrei volentieri staccato la testa dal collo spingendo con le mani. Sono fatte apposta! Invece dovetti fare finta di niente per non dover discutere con il cliente e subire anche una lavata di capo da parte dei miei responsabili che mi avrebbero sicuramente detto che io avrei dovuto rifiutare di trovarmi in una situazione del genere, neanche l'avessi saputo prima che mi sarei trovato in un cunicolo in un luogo sconosciuto. Peraltro era anche il periodo nel quale i nostri responsabili ci avevano costretto a dichiarare sui rapporti di audit che l'azienda ci aveva informato sui rischi connessi all'attività e che aveva fornito tutti i dispositivi di protezione individuale: non si è mai verificato che qualcuno ci avesse informato di nulla né tantomeno fornito niente. Era il solito sistema di scaricare la responsabilità sugli altri.

A proposito di rischi connessi ai trasferimenti, una volta in Sardegna decisi di muovermi con un'auto a noleggio per evitare inconvenienti con i clienti. Per raggiungere la sede dell'azienda mi affidai al navigatore che mi fece fare una strada quantomeno singolare al termine della quale il navigatore perse il segnale e mi lasciò senza riferimenti. Sul ciglio della strada c'erano tre persone sedute, completamente vestite di nero, con un abbigliamento che non lasciava vedere nemmeno il viso; presumo che fossero tre donne. Decisi di chiedere informazioni a queste ma loro si misero a urlare "*Sa mitza de Lutziferu*" e scapparono! Alla fine riuscii a trovare l'azienda e raccontai ai due responsabili, Cesello e Gianuario, quello che mi era successo. Gianuario scappò via e non si fece più vedere. Cesello invece mi spiegò che, essendo arrivato attraverso la strada del diavolo, le persone non volevano avere relazioni con me. Quindi rimasi solo con Cesello per tutto il giorno; almeno lui ebbe la cortesia di sopportarmi e per pranzo mi portò anche in un ottimo ristorante ad Arbus dove ci servirono degli ottimi ricci di mare crudi: un pranzo indimenticabile, probabilmente meglio del famoso "Paradiso del Ghiottone" di cui ci parlava la dottoressa Nigra ai corsi di formazione durante i giochi di ruolo.

Un'altra volta invece, tornavo da un cantiere dove si era svolto un audit senza alcun risvolto particolare, con un conducente che guidava rispettando i limiti di velocità e chiacchierava amabilmente… ad un certo punto mi raccontò di come aveva smesso di fumare, alcuni mesi prima. Poi comparve una lunghissima discesa, abbastanza ripida, e il guidatore cominciò ad accelerare sempre più. Io cominciai a preoccuparmi, vedendolo sudare… poi verso la fine della discesa fece una brusca frenata e sterzò in un parcheggio sterrato sulla sinistra tagliando la strada ai mezzi che arrivavano in senso opposto. Bloccò l'auto in mezzo al parcheggio e uscì correndo, lasciandomi solo. In quel momento mi resi conto che si trattava del parcheggio di una trattoria, vuota perché erano le tre di pomeriggio. Ad un certo punto assistetti ad una scena surreale. Il mio accompagnatore uscì dalla trattoria/tabaccheria, si mise in bocca due sigarette contemporaneamente e le accese. Inspirò a pieni polmoni e poi mi disse "quando le ho detto che avevo smesso di fumare mi ha preso una voglia tremenda e, come scrisse giustamente Oscar Wilde: si può resistere a tutto tranne che alle tentazioni"!

15 COLLEGHI

Nei primi tempi eravamo un nutrito gruppo di colleghi, quasi tutti dipendenti dell'ente. Non c'è mai stato un grande affiatamento, anzi, ognuno coltivava il proprio orticello (i clienti a lui assegnati) gelosamente e senza far trapelare troppe informazioni agli altri colleghi. Inizialmente non capivo il motivo ma avrei capito qualche anno più tardi. Ci chiamavano "ispettori", termine che già a pronunciarlo incuteva timore, poi il termine fu sostituito da "valutatori" perché qualcuno dei nostri responsabili ci disse che temeva di creare confusione con gli organismi di ispezione istituzionali. I colleghi non facevano mai trapelare alcuna notizia sulle aziende che visitavano, sui loro spostamenti e sulle modalità di viaggio e pernottamento. Qualcuno in particolare, aveva capito che un'ulteriore fonte di reddito poteva derivare dalle richieste di rimborsi spese un po' alterati. Una trasferta di una settimana in provincia di Venezia partendo da Bergamo, ad esempio, poteva essere più redditizia se invece di esporre un rimborso chilometrico per il viaggio di andata e ritorno e le spese relative a quattro pernottamenti, si chiedevano cinque viaggi andata e ritorno, facendo sembrare che si rientrava a casa ogni sera:

–   Sai... io ho moglie e figli, e non mi sembra corretto dormire fuori trascurando la famiglia (in realtà stavano a dormire in qualche bettola, o in camper, pagando di tasca loro, e poi rimorchiavano qualche" signorina" sulla Statale Romea, altro che doveri familiari!).

Ovviamente queste cose venivano autorizzate solo ad alcuni ispettori, spesso appartenenti ai soliti gruppi di persone particolari che si riunivano nel fine settimana per questioni extra-professionali e che prima di rientrare dalle trasferte telefonavano sempre alla moglie per informarla circa l'orario esatto di arrivo.

-   Sai, lo faccio per dare il tempo all'amante di andarsene senza creare imbarazzi, non per altre ragioni.

L'abolizione del termine "ispettore" peraltro contribuì a sminuire ulteriormente la nostra importanza nonché a rendere confusa la nostra attività. Alla domanda "ma tu che lavoro fai?" avrei dovuto teoricamente rispondere "faccio il valutatore", cosa che avrebbe fatto ridere chiunque. Quasi come dire "faccio l'opinionista, l'influencer o il tronista". Semplicemente ridicolo! Oltretutto, visto che non facevamo altro che recitare delle patetiche commedie, il termine corretto sarebbe stato probabilmente il neologismo "valutattore" più che "valutatore". Contestualmente rinnovarono i nostri biglietti da visita eliminando qualsiasi riferimento al grado di istruzione: vietatissimo qualificarsi come dottore, ingegnere, avvocato ecc..

Oltre ai corsi di formazione con la Dr.ssa Nigra, avevamo comunque il privilegio di poter frequentare una serie di eventi interessanti compreso le riunioni cosiddette di calibrazione dove venivamo 'calibrati' in modo da agire tutti allo stesso modo nei confronti dei clienti e a reagire in modo coerente di fronte alle varie situazioni, talvolta molto particolari che potevano presentarsi.

Le attività di calibrazione riguardavano evidentemente solo gli aspetti strettamente legati all'attività; gli aspetti caratteriali non erano calibrabili. Mi è capitato di trovarmi in trasferta con un collega genovese, nello stesso albergo, e davo per scontato che avremmo cenato insieme. Il collega sembrava un po' infastidito ma alla fine decise che saremmo andati a cena in un luogo che lui conosceva: mi fece fare una lunga camminata per arrivare in un posto gestito da turchi dove facevano il kebab:

-       Io vado in trasferta per guadagnare, non per spendere né tantomeno per arricchire gli altri!

Finì che anch'io dovetti mangiare un kebab seduto su un marciapiedi di una strada trafficatissima con le auto che sollevavano un gran polverone, visto che l'unico tavolo disponibile era occupato da altri turchi.

Andò peggio durante un'altra trasferta; un viaggio in Trentino fatto con l'auto del mio collega. Al termine dell'audit il collega propose di cenare insieme ma dopo l'audit e prima della cena avrebbe fatto una passeggiata nei boschi. Finì che si perse e fu necessario mobilitare anche il titolare dell'azienda dove avevamo condotto l'audit, che conosceva i sentieri nei boschi. Fu recuperato infreddolito, stremato e infangato e riportato in albergo dove riuscì a essere pronto per la cena verso le 22. A questo punto, non essendoci più ristoranti aperti, cercammo di mangiare qualcosa in un bar. Ci dissero che avrebbero potuto farci solo un panino con del formaggio. Il collega, che non era di origine genovese, chiese insistentemente quanto sarebbe costato questo panino. Il barman molto stupito disse che il costo sarebbe stato di tre euro e quindi il collega accettò. Io cercavo di nascondermi sotto la tovaglia per l'imbarazzo. Arrivarono i due panini e il collega chiese che il suo fosse tagliato in due. Mangiò quindi metà panino e si ficcò l'altra metà nel taschino della giacca. Il giorno successivo terminammo l'audit verso le 13 e ci avviammo verso casa in auto; io chiesi al collega se fosse d'accordo di mangiare qualcosa ma il collega disse che aveva ancora metà panino quindi avremmo potuto fare una sosta a bordo strada. Intuito che stavo per spazientirmi si fermò in un bar dove io mangiai qualcosa e lui spudoratamente chiese un piatto vuoto dove poter appoggiare il panino che nel frattempo era stato mantenuto al caldo nel taschino della giacca e ben pressato dalla cintura di sicurezza dell'auto.

Poi i tempi cambiarono; qualcuno cominciò ad andare in pensione e si presentò in azienda facendo un commovente piagnisteo.

- Mi sono trovato a casa con una signora anziana che non conoscevo e che dormiva nel mio letto. Durante la notte russava e mi soffiava sul collo con un alito mefitico: un vento pazzesco. Al mattino le chiesi:

- Ma tu chi sei?

- Ma come chi sono? E' da quarant'anni che siamo sposati.

- Ah! Ma io ho trascorso tutto questo tempo in trasferta dormendo negli alberghi di lusso! Non ti riconosco più! Sai cosa ti dico? Che piuttosto che sopportare te io vado a lavorare anche gratis! Hai capito? Gratis! Ci sono donne che la danno via gratis, quindi non capisco perché io non possa lavorare gratis!

E così accadde, o quasi. Venne riassunto quasi subito. Non ci è dato sapere con quale forma di contratto ma continuò a lavorare. L'unica cosa certa è che veniva pagato poco, anzi, pochissimo. Avendo già una cospicua pensione per lui non era un problema lavorare quasi gratis.

Subito dopo venne il turno di un ex collega che aveva casa anche in Sardegna. "Sapete, prima potevo andare in vacanza a spese dell'ente e ora invece mi tocca pagare il viaggio personalmente. Certo che io sarei disposto a lavorare anche gratis, basta solo che mi paghino qualche volo aereo...". Nel giro di qualche anno i "lavoratori" erano quasi tutti pensionati che "lavoravano" quasi gratis. Sul fatto che lavorassero veramente ci sarebbe moltissimo da scrivere[14] ma, a quanto pare, andava bene così quasi a tutti. I soldi che l'ente risparmiava venivano retrocessi ai nostri responsabili in termini di premi di produzione. Si arricchirono!

L'età media di questi valutatori era ormai più vicina agli ottanta che ai settanta, con punte che raggiungevano gli ottantatre anni. Ben lontana l'idea di assumere qualche giovane: sarebbe costato troppo e avrebbe inficiato gli utili dell'Ente; anche se ogni tanto veniva scritturato qualche valutatore esterno in età lavorativa (esterno nel senso che non era un dipendente ma lavorava con partita IVA), sottopagato e solo per salvare almeno in parte le apparenze; comunque erano personaggi che generalmente uscivano di scena nel giro di qualche mese.

16 IN AUTO CON UNA SVALVOLATA

I viaggi in auto da solo erano sempre noiosissimi e quindi una volta decisi di dare un passaggio a un'autostoppista; era una signora di mezza età dall'aspetto inquietante con i capelli colorati a ciuffi rosa fucsia, pantaloni arancioni, giubbotto di renna e scarpe azzurre.

La signora mi si lanciò davanti all'auto gridando frasi incomprensibili. Capii dopo un po' che la tipa strana cercava un passaggio perché era stata scaricata da qualcuno in autostrada. Non riuscivo a capire come si potesse abbandonare una persona in autostrada e cercavo di immaginare quale situazione poteva essersi creata. Probabilmente era stata scaricata da qualcuno che aveva conosciuto in un centro sociale e che quindi vestiva come lei. La signora invece non sembrava neanche tanto stupita di essere stata abbandonata. L'unica sua preoccupazione, a quanto sembrava, era quella di trovare un passaggio per uscire dall'autostrada - io vado fino a Rimini - le dissi. E lei rispose che andava benissimo. Proprio a Rimini doveva andare. Insomma... non feci neanche in tempo a capire cosa stava accadendo che lei era già seduta sul sedile del passeggero e quindi accelerai e ripresi il viaggio per Rimini.

- Sa, sono tutti così strani qua. Tutti presi dalla loro frenesia; nessuno che si ferma un attimo per pensare a quello che sta facendo e per riprendere, anche solo per un istante, contatto con la realtà. Ognuno naviga sul proprio strato della cipolla sociale e non vede nemmeno gli altri strati. E poi la gente si stupisce che in Africa si muoia di fame. Facciamo tanto i moderni e poi non siamo nemmeno in grado di distribuire il cibo e buttiamo tonnellate e tonnellate di cibo sano nella

---

[14] Ai dipendenti venivano controllati gli scontrini dell'autostrada per verificare che avessero veramente lavorato per tutte le ore previste; agli esterni invece no.

spazzatura. E non facciamo altro che pensare a comperare l'ultimo modello di cellulare in commercio. Invece di dedicare il tempo a cose utili ci sono persone pagate per inventare delle nuove malattie solo per poter vendere dei nuovi farmaci o, peggio ancora, dei vaccini da somministrare a tappeto. Per non parlare dei virus dei computer, prodotti dalle stesse aziende che devono vendere gli antivirus. E poi le farine iper-glutinate per farci venire la celiachia. E a me tocca anche mangiare le mele ricoperte di cera, di colla e di adesivi con il marchio, nemmeno fossero dei prodotti artificiali generati da qualche macchina. Una volta si affidava il comando a chi sapeva comandare; ora a chi è più raccomandato, così ci tocca fare addirittura da spalla a insensati giochi di potere che portano a una regressione organizzativa e culturale. E negli ultimi anni sono drammaticamente cambiate le condizioni alimentari ma non le condizioni metaboliche; e quindi con tutto quello che mangiamo è ovvio che ci si ammala sempre di più e le case farmaceutiche ringraziano. Da bambini ci hanno abituati a reagire allo stress dandoci una caramella. Da adulti tentiamo di far passare le ansie con i dolci. Quindi si ingrassa e aumentano le ansie. Quindi altri dolci. E altri farmaci sempre più moderni e più mirati. Ma io cerco di condurre una vita sana. Pensi che mi faccio il pane in casa e ho anche una capra per il latte. Vede il cielo? Ma lei lo vede il cielo?

Signora, guardi che sto guidando!

– Ma vede lassù? Ci sono tante stelle. E sulle stelle tanti altri esseri pensanti, ovviamente. E gli umani, visti da lassù, sa cosa devono sembrare? Tanti batteri più o meno organizzati che tentano in tutti i modi di distruggere la terra aggredendola come possono: un vero "terricidio organizzato". Si rende conto di tutto questo?

Intanto la signora, tra una chiacchiera e l'altra era arrivata al terzo pacchetto di sigarette e l'aria nella mia auto era irrespirabile anche tenendo tutti i finestrini aperti. E non era solo tabacco. La tipa aveva cominciato a tirare fuori da una delle borse di tutto, e arrotolava cartine in continuazione. E parlava, parlava, parlava. Parlava, arrotolava e fumava. E ripeteva sempre gli stessi discorsi deliranti.

– Prima che lei mi raccattasse ho letto un libro; era talmente interessante che l'ho letto tutto in poche ore nella piazzola seduta su una delle valigie. Peccato che sia finito subito; è meglio leggere libri noiosi che durano di più. Quindi anch'io ho deciso di rendermi più noiosa per farmi apprezzare di più, ma è una cosa difficile, lei mi capisce vero?

Alla quarta bottiglia di birra la tipa strana attaccò con i discorsi di economia:

– Ma lei si è reso conto che ormai tutto il mondo è in balia del PIL? Ci faccia caso... guardi le prime pagine di tutti i quotidiani. Non si parla altro del PIL che va su e va giù. Tutti guardano l'andamento del Prodotto Interno Lurido quasi come se fosse un vero indicatore dello stato di benessere del paese. Praticamente i nostri superiori hanno convinto tutti, tranne me, che si sta bene se il PIL aumenta e si sta male se diminuisce. Ma... francamente, detto francamente, ... a noi cosa ce ne frega se il Prodotto Interno Lurido va su? Vuol dire solo che i superiori guadagnano di più, non che gli inferiori stanno meglio. Non le pare? Non sarebbe semplicemente più logico se si producesse quello che serve e non di più? Invece bisogna produrre di più per aumentare il PIL. Non le sembra pazzesco? Anche perché c'è una contraddizione alla base di tutto. I superiori, da un lato sperano che il Prodotto Interno Lurido aumenti, ma dall'altro, per ridurre i loro stessi costi, hanno trasferito la produzione di qualsiasi cosa in Cina, India o giù di lì. E quindi c'è ben poco da sperare che il PIL vada su se loro stessi hanno remato per decenni per farlo andare giù. E l'hanno fatto andare giù, non solo per ridurre i loro costi, ma per defraudare il paese e togliere agli inferiori quello che prima non avevano. In altre parole, la crisi è una cosa inventata dai ricchi per riprendersi quello che avevano perso, a costo di rischiare un effetto boomerang. E per tenere occupati gli inferiori cosa hanno inventato? Hanno inventato la "burocrazia": un sacco di carte da compilare; un sacco di leggi contraddittorie impossibili da rispettare. Un sacco di sanzioni e di grane per tutti. Così si è tutti impegnati e si pensa meno. Una sorta di oppio moderno studiato a tavolino. E non mi dica che non è così! Guardi nelle stazioni ferroviarie cosa fa la gente con il computer. O gioca oppure apre qualche foglio di calcolo dove ci sono diagrammi a torta, istogrammi vari… budget… analisi dell'andamento dei titoli della m. fritta ecc… Ha mai visto qualcuno lavorare per produrre qualcosa? No. Tutti lì con la testa bassa come pecore per cercare di fare la più bella figura possibile nei confronti del proprio responsabile, che poi "responsabile" non è mai, nella consapevolezza che fuori dalle loro aziende c'è la fila di poveracci con il coltello tra i denti che cercheranno di fregargli il posto di lavoro. E tutto questo fino allo scoppio della bolla: eh sì, perché a breve salterà tutto il sistema mondiale: una devastante crisi finanziaria stravolgerà tutto, oppure anche una pandemia magari creata a tavolino oppure con il dubbio che sia stata creata da qualcuno, così ci sarà anche la motivazione per fargli guerra.

– Ma lo sa quante invenzioni sarebbero state messe a disposizione dell'umanità se non fossero intervenuti interessi superiori ad affossarle? Lo sa che invece si dedica tempo e denaro per inventare cose dannose? I virus dei computer, ad esempio, che vengono inventati e aggiornati da chi vuole vendere gli anti-virus, oppure i virus per gli umani messi a punto da chi vuole vendere vaccini e farmaci?

– Questo modello non è comunque destinato alla sopravvivenza: la popolazione sta invecchiando e anche i migranti ormai se ne vanno altrove e non sbarcano più sulle nostre coste. Ricoverare un anziano costa oltre 1000 € al giorno. Pochi se lo possono permettere: infatti il futuro sarà quello di invertire le rotte dei barconi e trasportare tutti gli anziani in Africa, dove mantenerli in stato vegetativo costa meno che qua. Tra qualche anno i neri saranno in Europa e i bianchi in Africa.

– Una volta esisteva una profonda differenza tra uomo e macchina; ora la differenza sta diventando sempre più sfumata, nel momento in cui ad ognuno di noi appaiono sul computer pagine internet "dedicate" e offerte commerciali personalizzate, realizzate grazie alla grande mole di dati raccolti: pagine visitate, telefonate effettuate, acquisti ecc… è un po' difficile sostenere che si è di fronte a una macchina nel senso che eravamo abituati a pensare. Quantomeno si tratta di una macchina che si modifica nel tempo e che "pensa", anche se con algoritmi di intelligenza artificiale, e quindi ci viene proposta una realtà personalizzata e distorta: la realtà che appare a me può essere molto diversa da quella che appare a lei perché anche le notizie che appaiono a me potrebbero non apparire ad altri, oltre alle fake news e alle notizie vere che vengono intenzionalmente cancellate: provi a scrivere su uno dei portali "social" più famosi al mondo qualche informazione che va contro il *main* stream: viene cancellata immediatamente e sostituita con una scritta "questo contenuto non è più disponibile – potrebbe essere stato rimosso dall'utente!". Basta provare per credere!

- C'è addirittura gente che si fa installare dei microfoni in casa per farsi spiare intenzionalmente in cambio dell'illusione di modernità che di fatto si concretizza di un banale automatismo che movimenta le tapparelle o, al più, gli consente eventualmente di ascoltare un po' di musica; se solo sapessero con quale esorbitante costo pagano questi microfoni…

- Lo sa che il mondo è in mano alla CIA che decide tutte le sorti di ciascuno di noi?

A me venne un mal di testa atroce.

Dissi che dovevo assolutamente fermarmi per bere un caffè e mi infilai nella prima area di sosta.

Lei scese dall'auto e si allontanò di qualche metro per una telefonata riservata. Io non persi l'occasione. Con una sgommata paurosa mi allontanai di cento metri e frenai di colpo. Scesi dall'auto e scaraventai sull'asfalto tutti gli effetti personali della tipa di cui non ricordo il nome e non so neppure se l'ho mai saputo. Altra sgommata ed ero già di nuovo in autostrada, lontano dall'area che avevo riempito di rifiuti, ma con l'acre aroma di fumo che mi avrebbe accompagnato per sempre.

17 QUESTIONI DI PUNTI DI VISTA E DI RELATI-VITA'

Le aziende che ricevono il valutatore non si rendono conto che ci sono alcune sostanziali differenze di punti di vista: innanzitutto per le aziende, l'audit è una volta all'anno; per il valutatore è una volta al giorno. Quindi è vietato alzarsi il mattino con il mal di testa o anche semplicemente un po' svogliati o con qualche problema personale. Bisogna sempre andare in azienda con il sorriso sulle labbra. Poco importa se proprio un cliente una volta, nel panico per l'audit, disse: "la ISO ti toglie il sorriso!". Al valutatore il sorriso doveva essere sempre presente, pur in presenza di persone antipatiche, qualche volta odiose o semplicemente noiose.

Per le aziende, la giornata lavorativa dura otto lunghissime ore, nelle quali si deve anche sopportare il valutatore; per il valutatore la giornata lavorativa dura otto brevissime ore nelle quali deve anche compilare una lista di riscontro di lunghezza infinita; il tempo e lo spazio sono quindi concetti relativi.

E poi nessuno poteva accettare il fatto che anche il valutatore avesse una vita personale, complicata dalle continue trasferte in luoghi sempre diversi, guidando su strade sconosciute, affidandosi solo al navigatore che non sempre era così navigato né tantomeno furbo. Talvolta si aveva l'impressione che i luoghi fossero vicini ma a volte era solo un'impressione, soprattutto in Provincia di Cuneo, la famosa Provincia "*granda*". In una certa fase della mia vita da trasfertista avevo deciso di uscire a correre quasi tutte le sere. La cosa era complicatissima per il fatto che, oltre a dover portare l'abbigliamento e le scarpe adeguate, poi mi trovavo con gli indumenti umidi, da mettere in una borsa a parte: quindi ogni trasferta sembrava un trasloco.

Borsa di lavoro con computer e documenti, valigia con abiti ed eventualmente anche un porta-abiti, borsa con indumenti per la corsa e relative scarpe. Uno stress organizzativo incredibile. Poi c'era anche il problema non banale di decidere dove andare, non conoscendo i luoghi. Una volta sono uscito a correre con un collega nelle campagne in Provincia di Venezia ma un errore di valutazione ci ha portati a percorrere un lungo tratto su una strada statale trafficatissima sotto il sole di agosto; alla fine, tornati in albergo, il collega non ha resistito alla calura e si è tuffato in una vasca dove c'erano dei pesci rossi facendo infuriare i gestori dell'albergo oltre che probabilmente anche i pesci stessi.

La settimana successiva dovetti andare in Emilia Romagna e, come al solito, preparai tutto l'occorrente per correre. Per ridurre il carico al ritorno, decisi di portare un paio di scarpe vecchissime che poi avrei abbandonato sul posto; almeno così speravo. Dopo l'audit, in un'impresa di costruzioni gestita da persone quantomeno originali, andai effettivamente a correre nelle colline. Il fango argilloso era più appiccicoso della colla e a ogni passo aumentava la massa di argilla appiccicata alle scarpe. Tornai nell'agriturismo con un peso anomalo sotto e intorno alle scarpe; più che una corsa era stata una continua scivolata cercando di stare in equilibrio. Non potendo certamente entrare con le scarpe ai piedi, per non lordare tutto il pavimento, le tolsi e arrivai in camera a piedi scalzi. Fortunatamente nella struttura non c'era nessuno: i proprietari mi avevano lasciato le chiavi dicendomi che ci saremmo visti il giorno dopo per la colazione. Il secondo giorno evitai di andare ancora a correre, visto le difficoltà del giorno precedente. Avevo nascosto le scarpe in una valigia dopo averle avvolte in un sacchetto di cellophane. Il terzo giorno lasciai finalmente l'agriturismo ma non ebbi il coraggio di lasciare lì le scarpe, visto che non c'era nessun posto dove poter buttare dei rifiuti. Misi tutto nel baule dell'auto e guidai fino a Bologna, dove avevo previsto di lasciare l'auto e prendere un treno. Mi venne anche in mente di buttare le scarpe nel primo cestino in stazione ma poi mi ricordai del triste episodio avvenuto alcuni decenni prima alla stazione di Bologna e quindi evitai di avvicinarmi ai cestini, prima che qualcuno potesse scambiare il pacco per una bomba. Arrivai quindi a Milano con la valigia e la borsa di plastica con le scarpe che ormai emanavano un odore di muffa inconfondibile; in treno avevo già notato qualcuno molto infastidito. A Milano mi diressi immediatamente verso un cestino ma mi accorsi che ai due lati del cestino c'erano due Carabinieri. Feci finta di niente e tirai dritto: le scarpe tornarono a casa mia.

18 TONCHE E ATOMI

Una volta mi trovai in un'impresa di costruzioni stradali in Sardegna e stavo cercando di capire come facessero a controllare gli strumenti di misura usati per realizzare i piani. Li tariamo con la "*pompa*" mi dissero! Ci volle un po' per capire che per "*pompa*" intendevano il tubo per irrigare il giardino, e per creare i piani riempivano il tubo di liquido e guardavano i due estremi liberi, per verificare che fossero allineati. Poi mi dissero: guardi che il tubo non deve essere riempito di acqua, altrimenti – essendo trasparente – non si vedono bene i livelli. Bisogna riempire il tubo con Cannonau! E poi ovviamente ce lo beviamo tutto! Crede che si possa sprecare? I risultati di queste libagioni peraltro erano particolarmente evidenti guardando le opere realizzate; nello specifico eravamo nel cortile di un asilo infantile dove si stava posando la pavimentazione e l'effetto ricordava le onde del mare in un giorno di burrasca.

La settimana successiva mi trovavo a Vicenza, dove parlavano di chiudere i balconi. Dopo un po' di discorsi capii che "balconi" per loro voleva dire quello che per me erano le "imposte" che peraltro a Venezia, dove mi sarei spostato il giorno successivo, si chiamavano "scuri" e a Milano invece si chiamavano "persiane", da non confondersi con le "veneziane" che per alcuni erano le tapparelle mentre per altri erano dolci natalizi. In prossimità del confine Svizzero invece si usavano dei termini tipici del linguaggio utilizzato in Canton Ticino: "isolazione", "annullazione", "classatore" (classificatore in italiano) ecc.. Insomma… trasferirsi continuamente da una regione all'altra richiedeva un continuo riassestamento del vocabolario.

Generalmente i computer si possono guastare; ho scoperto che a Firenze i computer invece si "*sciupano*" e a Torino si "*cimiscono*".

Controllare di non avere attaccato delle etichette sbagliate sui colli in magazzino può essere definita, per qualcuno, attività "*anti-contamination*".

Qualche attrezzatura meccanica deformata può anche essere definita "*imberlata*" o "*sgargamata*".

Oltre a questo, c'era anche il fatto che molti parlavano i loro dialetti, spesso incomprensibili.

Anche lo stile di guida del valutatore deve cambiare di giorno in giorno. A Pescara, dove peraltro esiste un "asse attrezzato", che a Milano si chiama "tangenziale", a Roma "Grande Raccordo Anulare", e a Cagliari si chiama "Nuovo asse mediano di scorrimento" si viaggia a passo d'uomo e si esce dagli "stop" senza dare la precedenza, tanto tutti guidano così lentamente che è difficile che avvengano incidenti. A Torino, con i vari viali dalle numerose corsie, si guida in un modo incomprensibile; persino i semafori devono essere interpretati in modo diverso: una freccia verde verso destra, che normalmente significa via libera, a Torino significa che si può passare ma dando la precedenza, perché la strada potrebbe non essere libera. L'esperienza di guida mi ha portato a capire che comunque il tempo di percorrenza è generalmente lo stesso, indipendentemente dal fatto che si guidi in modo estremamente frenetico oppure che si vada a passo d'uomo.

Anche l'alimentazione del valutatore deve essere adattata alle situazioni: si rischia di dover passare velocemente dalle moeche ai pizzoccheri con un intermezzo di canederli, castraure di Sant'Erasmo, polentina di Marano con le schie e altre prelibatezze che i clienti non disdegnavano di proporre, almeno nei primi anni di attività. Si poteva passare dai ristoranti dove era rigorosamente vietato appoggiare i gomiti sul tavolo a bettole di infimo ordine. Una volta mi dissero, orgogliosamente:

–   Dottore, la portiamo dalla Lurida! E' una sporcacciona pazzesca, infatti è universalmente nota con questo appellativo, però si mangia benissimo.

Arrivammo davanti al ristorante della Lurida e per fortuna era chiuso per turno! Tirai un sospiro di sollievo! Nessuno si era preoccupato che io non fossi propenso a cibarmi di zozzerie rischiando un'epatite o anche peggio.

Un'altra volta mi portarono da "Maria Onta" (dove "onta" non significa "vergogna" ma "unta" sempre nel senso di poco pulita). L'insegna riportava proprio la scritta "Maria Onta" con tanto di traduzione in inglese "Dirty Mary": per fortuna lì si è sempre mangiato benissimo e apparentemente non c'era niente di lurido. Forse "onta" era un retaggio di tempi passati.

Dopo la prima crisi del 2010 alcuni clienti sono diventati particolarmente tignosi e ci hanno fatto capire, senza mezzi termini, di lasciare l'ufficio prima dell'ora di pranzo e ritornare dopo. Quasi nessuno si preoccupava neppure di indicarci dove poter mangiare qualcosa. Una volta mi sono sentito dire:

– Con tutto quello che paghiamo per questa certificazione non sono mica tenuto anche a offrirle il pranzo.

Visto che in azienda ci ero arrivato con i mezzi pubblici, dovetti aspettare un paio d'ore fuori dallo stabile, sotto il sole di luglio in una zona industriale dove l'unico luogo dove ci si poteva sedere era il marciapiedi. Quando ritornarono i miei interlocutori avevo quasi un'insolazione e stavo svenendo: non si sono degnati neppure di offrirmi un bicchiere d'acqua.

Chi fatturava cifre spropositate inoltre non ero io ma a dover saltare il pranzo sì. Avrei voluto rispondere che invece io non ero mica tenuto a fare lo sconto sulle "non-conformità" ed effettivamente in qualche caso e con qualche personaggio particolarmente antipatico mi sono ben guardato dal fare sconti e sono arrivato a scrivere ben undici "non-conformità". Un'impresa di costruzioni si è addirittura vista imporre dall'Ente una verifica straordinaria per sanare le "non-conformità"; così per evitare di offrirmi un tramezzino avranno sborsato un migliaio di euro: peggio per loro; erano odiosi. Poi hanno chiuso l'attività dichiarando fallimento.

Quindi non si sapeva mai a priori cosa poteva capitare: dal pranzo luculliano con abbiocco post prandiale e difficoltà varie al digiuno totale, con altrettante difficoltà a mantenere la concentrazione. Più di un mio collega è svenuto durante un audit oppure si è addormentato e ha russato per tutto il pomeriggio. Un responsabile della qualità mi disse addirittura che aveva l'abitudine di portare i valutatori in una pizzeria, nota per produrre pizze in formato maxi, dal momento che i carboidrati provocano un abbiocco notevole: una maniera come tante per neutralizzare il valutatore malcapitato.

Un giorno andai a Cesena per un audit in un'impresa che costruiva impianti elettrici; persone simpaticissime e molto cordiali oltre che preparate. Mi portarono a pranzo in una trattoria dove mi proposero di assaggiare le loro minestre. Benissimo, dissi, così finalmente mangio qualcosa di dietetico! Peccato che a Cesena per "minestre" intendono dei piattoni di pastasciutta da perdizione alimentare! Altro che pranzo dietetico.

Un'altra volta, in Provincia di Trento, mi dissero che il responsabile della qualità non era disponibile perché la sera precedente si era ubriacato con il *Parampampoli*; il titolare dell'azienda invece non poteva partecipare all'audit perché era stato "*toncato*" il giorno prima.

– "*Toncato*"? Ma cosa significa?

– Beh, è stato sorpreso alcuni mesi fa mentre stava tentando di sottrarre un orologio in una gioielleria per fare un regalo alla moglie. Essendo oltretutto il vice sindaco del paese, è stato "*toncato*", cioè messo in una gabbia e buttato in Adige! Si tratta di un'usanza goliardica riproposta in occasione delle Feste Vigiliane che si svolgono solitamente la domenica prima del 26 giugno ed è l'atto di condanna dei "colpevoli", giudicati dal Tribunale di Penitenza. È la riproposizione in chiave burlesca di un'antica pena praticata tra il XIV e XVII secolo, inflitta ai bestemmiatori: dalla Torre Verde una gabbia contenente il condannato veniva immersa nelle acque del fiume Adige. Roba da far venire i bordoni!

Parlando di cose gelide, un altro aspetto critico riguardava la temperatura: in certi uffici si bolliva dal caldo, in altri si gelava dal freddo, eventualmente anche per l'aria condizionata mantenuta a livelli da freezer. Negli ultimi tempi ci venivano riservati gli spazi più scomodi, spesso senza finestre e con luce artificiale e le sedie spesso pericolanti e sporche, dove nessuno dei loro addetti si sarebbe mai seduto: in estate non circolava neanche l'aria. Qualche cliente sicuramente lo faceva apposta per metterci a disagio e indurci ad andarcene il più presto possibile e in effetti talvolta accadeva proprio così. Poteva accadere anche che, consapevoli di quello che sarebbe successo, perché magari eravamo già stati nella stessa azienda l'anno precedente, si preparava il diario di audit la sera prima in albergo scopiazzando o addirittura inventando. In azienda si rimaneva quindi il tempo necessario per stampare e firmare dei pezzi di carta che nessuno leggeva, tantomeno i deliberatori che ormai si limitavano a controllare gli aspetti puramente formali.

Quindi capitava anche di passare dal caligo alla scighera nel giro di qualche ora. Quando studiavo chimica non ho mai capito bene il fatto che, per il principio di indeterminazione di Heisemberg, non fosse possibile stabilire contemporaneamente la posizione e la velocità dell'elettrone; ho capito questi concetti quando ho iniziato a ricevere delle telefonate nelle quali mi si chiedeva dove fossi.

- Sono a Civitavecchia ma diretto a Cagliari in nave e poi domani sera devo trasferirmi a Sassari con un'auto che noleggerò domani mattina.

- Quindi domani ti trovo in Sardegna?

- Beh… dipende a che ora… perché poi domani sera mi imbarcherò a Porto Torres diretto a Genova; non è quindi così semplice dirti dove mi trovo…

In realtà il valutatore non è mai in un punto facilmente determinabile; diciamo che è sempre continuamente in movimento, perché anche quando dovrebbe essere in qualche azienda a condurre un audit, potrebbe essere in viaggio con gli addetti che lo stanno trasportando in qualche cantiere. Mi è anche capitato di recarmi in un'impresa di costruzioni di Teramo partendo da Civitella Roveto e passando nel traforo del Gran Sasso per scoprire che l'unico cantiere visitabile si trovava a L'Aquila. Quindi altro passaggio per il traforo seguito da un rientro in Sede per scrivere il rapporto di audit. Finalmente sono rientrato in albergo passando per la quarta volta nel traforo del Gran Sasso. Quindi, non solo era difficile determinare la mia posizione, ma a volte non ero neanche rintracciabile telefonicamente e forse riuscivo anche a scomparire per qualche minuto dal monitoraggio costante operato dalla rete.

19 AUDIT ORIGINALI (RABDOMANTI E BOBBYNET)

Nel corso degli anni, capita nella vita di ogni valutatore di dover condurre audit in aziende strane, incontrando persone bizzarre e dovendo affrontare situazioni che non si sarebbero potute prevedere neppure al limite della fantasia.

Un giorno dovetti andare in un'azienda di Collegno dove venivano effettuati dei semplici cablaggi elettrici. Decisi di andare fino a Torino con un Freccia Rossa e poi proseguire per Collegno con la metropolitana. In treno incontrai una mia vicina di casa che mi disse:

–   Stai attento perché a Collegno sono tutti matti!

Non badai assolutamente a questa sciocchezza della quale poi mi sarei però ricordato per sempre.

Arrivai puntuale in azienda dove fui accolto da una famiglia quantomeno originale: due sorelle con relativi genitori. Il collega, che aveva visitato l'azienda l'anno precedente, mi aveva messo in guardia dicendomi di non spaventarmi, nemmeno per il modo imbarazzante con il quale una delle due sorelle si sarebbe truccata in vista dell'audit: in effetti la signora si era messa in faccia qualche etto di cosmetici di ogni colore peraltro in modo asimmetrico. A seconda del lato che si guardava sembrava persino di avere a che fare con due persone diverse. I capelli, lunghi oltre il sedere, erano di almeno tre colori diversi, residui di precedenti colorazioni e decolorazioni drammatiche avvenute nel corso degli anni. All'audit era inizialmente presente anche un consulente che non avrebbe potuto fermarsi se non per un paio d'ore, dal momento che aveva peraltro lavorato gratis perché era amico della sorella più colorata. L'altra sorella invece era in condizioni opposte: probabilmente non vedeva una parrucchiera da anni. Entrambe però erano logorroiche e parlavano di tutto tranne che di argomenti relativi al sistema di gestione per la qualità.

Mentalmente le avevo identificate come "Le sorelle T-NT" (sorella Tinta e sorella Non Tinta).

Io avrei dovuto compilare la solita lista di riscontro, che in quel periodo l'Ente aveva appena aggiornato, e che mi avrebbe impegnato per tutta la giornata e quindi cercai di carpire dal consulente tutto quello che potevo nelle poche ore a disposizione; peraltro queste ore dovevano essere decurtate del tempo che la sorella tinta sottraeva con i suoi discorsi inutili e deliranti. In quel periodo gli aggiornamenti delle liste di riscontro erano talmente frequenti che i documenti potevano cambiare anche radicalmente dalla sera alla mattina. Riuscii in qualche modo, scrivendo il più velocemente possibile, a compilare quasi tutta la check list prima dell'ora di pranzo quando il consulente andò via. Le due sorelle, molto gentilmente, mi portarono a pranzo in un ristorante di alto livello dove, parlando di cose non legate all'attività lavorativa, si rivelarono anche molto gentili e simpatiche, pur nella loro semplicità; comunque cercarono di mettermi a mio agio raccontandomi qualche aneddoto divertente. Uno di questi mi sembrò particolarmente strano ma avrei capito il vero significato solo al temine della giornata. Mi raccontarono infatti che sopra il capannone dove effettuavano i cablaggi c'è un appartamento che era stato dato in affitto a una ragazza cinese venuta in Italia per studiare al conservatorio. La ragazza aveva addirittura fatto trasportare un pianoforte nell'appartamento. Dopo due o tre giorni videro la ragazza disperata e piangente la quale disse che aveva deciso di andarsene perché l'appartamento era infestato dai fantasmi. Quindi trovò un altro alloggio, fece trasportare il pianoforte e traslocò il più velocemente possibile, sconvolta.

Mi sembrò un racconto molto strano e non capivo se la cinese fosse matta (peraltro non era originaria di Collegno!) oppure se ci fosse un'altra spiegazione o se fosse un racconto inventato ma di questo dovetti ricredermi perché al rientro in azienda anche i genitori delle ragazze mi raccontarono la stessa cosa.

Io cercai disperatamente di racimolare le informazioni necessarie alla compilazione della restante parte della check list, dopo avere visitato anche il reparto produttivo.

Quindi dissi alle ragazze che avevo necessità di rimanere da solo per poter mettere in ordine i documenti e redigere il rapporto di verifica. In realtà, prima di questo, dovevo anche telefonare al titolare dell'azienda dove avrei dovuto andare il giorno successivo, anche per chiedere conferma della disponibilità di un cantiere edile visitabile, trattandosi di un'impresa di costruzioni.

Mentre stavo telefonando, qualcuno cominciò a bussare violentemente sul vetro di una porta alle mie spalle. Oltre a bussare, sentivo gridare insistentemente "aiuto!!!". La telefonata fu molto imbarazzante; l'interlocutore, che non sentivo da un anno, ne approfittò gentilmente per chiedermi come stavo, come andava ecc. mentre io sentivo urlare sempre più forte alle mie spalle e battere sul vetro. Al termine della telefonata entrò la sorella colorata per chiedermi se avrei gradito un caffè: alle mie spalle più nessun rumore – silenzio assoluto. Accettai il caffè e nella stanza entrò tutta la famiglia. Parlarono per quasi tre ore dicendomi anche che è opinione comune che a Collegno fossero tutti matti solo perché era stato costruito un enorme manicomio ora adibito ad altri scopi. Una delle due sorelle mi raccontò che aveva appena finito di leggere un libro che le era piaciuto molto e me lo regalò; io ero talmente sconvolto dagli episodi precedenti che li lasciai parlare fino a sera quando dissi che avrei avuto bisogno solo di qualche minuto per completare la scrittura del rapporto che poi avremmo stampato, quindi mi lasciarono solo e uscirono chiudendo la porta. Alle mie spalle successe l'inferno: le urla di aiuto erano strazianti e i colpi sulla porta violentissimi. Stavo pensando anche di chiamare i Carabinieri; sicuramente non ho pensato neanche per un momento di aprire la porta. Le urla sembravano essere di una persona anziana, magari tenuta prigioniera da questa famiglia di folli.

Copiai velocemente i documenti su una pendrive e i matti ritornarono. Così stampammo tutto e io andai via.

Durante il viaggio in treno mandai un messaggio al collega che aveva conosciuto questi personaggi l'anno prima e lui mi scrisse:

–   Hai avuto problemi con il pappagallo?

Tralasciando di scrivere tutte le imprecazioni e i porconamenti che avevo proferito in qual momento, pensai che tutto sommato era andata peggio alla cinese che aveva scambiato il pappagallo per un fantasma e aveva dovuto far traslocare e accordare un pianoforte per due volte in tre giorni. La prossima volta che sento dire che "a Collegno sono tutti matti", devo considerare che, seppur con un campionamento di soli cinque individui tra cui un pappagallo, la cosa non è da escludere completamente.

Credevo che avrei potuto rientrare a casa per le diciannove ma, considerando quanto accaduto, riuscii a tornare per le ventidue. Il giorno successivo alle sei ero già in viaggio per una località in Provincia di Vicenza per un audit a un'impresa che installava impianti elettrici industriali.

Io arrivai puntuale, mentre i due titolari arrivarono con un'ora di ritardo, verso le dieci. Si trattava di una coppia di coniugi molto strani. L'ufficio era saturo di monili provenienti da ogni parte del mondo e probabilmente non era mai stato pulito, quantomeno non negli ultimi 30 anni a giudicare dallo strato di polvere che faceva sembrare grigio e puzzolente ogni oggetto. Ovviamente la scrivania era anche appiccicosa. Cercai di concludere il più rapidamente possibile la permanenza in ufficio, considerando che la polvere mi stava ormai assediando la gola, e quindi andammo a visitare il cantiere. Si trattava del rifacimento di una parte dell'impianto elettrico in un allevamento di polli; fortunatamente i polli non erano presenti in quel momento.

Gli operai stavano facendo uno scavo nella pavimentazione del cortile per poter installare una canalina. Chiesi se si fossero preventivamente accertati dell'assenza di sottoservizi, cioè di altre tubazioni di acqua, gas, elettricità ecc..

Il titolare dell'azienda mi disse che era una cosa assolutamente inutile perché lui personalmente si era recato sul posto, ancora prima di emettere il preventivo, con due bacchette di ferro e aveva scandagliato tutta la zona alla ricerca di sottoservizi. Decisi di lasciar perdere e fare finta di non avere chiesto niente, ricordandomi la frase della mia ex compagna di studi: "quando trovi la merda più la giri e più puzza"; quindi cambiai discorso. Al termine della verifica in cantiere tornammo in ufficio dove io cominciai a mettere in ordine la documentazione, dovendo ricopiare tutto il diario, scritto in cantiere a mano, in formato elettronico, come richiesto dall'Ente che in quel periodo non accettava più documenti scritti a mano, neppure se vergati con ottima calligrafia. Quindi scrissi il rapporto di verifica e, dopo la firma dei documenti, cercai di salutare i due personaggi e sparire il più rapidamente possibile ma il titolare mi disse di seguirlo in magazzino dove iniziò ad arrampicarsi su una catasta di ciarpame. Non capivo cosa stesse succedendo ma il signore sbucò dalla montagna di rifiuti con due barre di ferro da cemento armato e mi disse di seguirlo fuori. In cortile c'erano due tombini a distanza di qualche decina di metri, collegati da un canale sotterraneo. Mi mise in mano le due bacchette e mi disse di camminare perpendicolarmente alla linea che congiungeva i due tombini; ad un certo punto i due pezzi di ferro si piegarono verso l'interno congiungendosi. Lui disse:

–   Ha visto che avevo ragione? In cantiere lei ha dato poca importanza a quanto stavo dicendo, anche se in realtà era l'aspetto più interessante che lei avrebbe dovuto cogliere; invece ha sorvolato credendo che io stessi dicendo sciocchezze. La prossima volta non metta sempre in dubbio quello che gli altri dicono (anche solo con il pensiero); e questo vale in generale per ogni aspetto della vita, non solo per le questioni di poco conto.

Insomma… non avevo fatto una buona impressione!

Salutai e andai via tra stupore, sconcerto, curiosità e non so quale altra sensazione. Arrivato in albergo, controllai in rete per capire se quanto accaduto poteva avere una spiegazione ma, a quanto pare, la rabdomanzia è considerata una pratica divinatoria priva di alcun riscontro scientifico, quasi peggio della rumpologia; magari non è esattamente così. Non ho mai capito chi avesse ragione ma le bacchette si erano piegate in corrispondenza del rigagnolo.

Poi venne la volta di uno studio tecnico in Trentino Alto Adige dove erano in corso interessanti attività di ricerca finanziata. La più particolare, della quale esisteva anche un prototipo funzionante, installato sul terrazzo del capannone, era il progetto denominato "Bobbynet". Si trattava di una toilette per cani da installare nei contesti urbani, in zone prive di alberi dove i cani potessero espletare i loro bisogni. Grazie a questa toilette, che avrebbe avuto le sembianze di una normale pavimentazione con un buco, gli amici a quattro zampe avrebbero potuto evitare di lordare i marciapiedi costringendo i padroni, quelli educati, a raccogliere le deiezioni. Il progetto non era affatto semplice: una rete di tubazioni garantiva l'igienizzazione della zona mediante acqua addizionata con opportuno detergente/disinfettante; si doveva inoltre garantire che i liquidi non venissero congelati nella stagione invernale e che non si formasse ghiaccio sulla pavimentazione con il rischio di incidenti e quindi fu necessario prevedere idonee tubazioni riscaldate nonché un sistema per riscaldare il pavimento, con evidenti costi di energia elettrica oltre che costi legati alla manutenzione delle apparecchiature. Erano previste pompe dosatrici, misuratori di livello, strumenti di misura da tarare periodicamente, un sistema wireless che doveva inviare eventuali segnalazioni di allarme o necessità di intervenire per il rabbocco dei detergenti e dei disinfettanti ecc. Non ho indagato su come avessero poi pensato di convincere i cani a farla proprio lì; ho preferito evitare di fare domande indiscrete magari scatenando una dimostrazione pratica come con le bacchette da rabdomante. Di questo progetto ne aveva peraltro anche parlato una nota presentatrice comica italiana in occasione di una trasmissione televisiva in onda la domenica sera e il filmato era disponibile in rete. Ad un certo punto qualcuno si deve essere reso conto che il progetto, pagato con un finanziamento pubblico, avrebbe dato luogo ad un prodotto troppo costoso, e forse anche troppo chiacchierato, e quindi fu abortito. Dal momento che l'associazione tra il nome di questo progetto e il nome dello studio tecnico non era esattamente un buon biglietto da visita, qualcuno intervenne con una delle solite operazioni di "bonifica reputazionale" facendo rimuovere dalla rete qualsiasi notizia in merito; in rete infatti non si trova più nessuna traccia di questo magnifico Bobbynet e anche il filmato di cui sopra è stato rimosso. Si tratta di operazioni di oscuramento della rete commissionate da esperti in questo genere di alterazione delle informazioni. Oltre alle note "fake news", notizie false create apposta per alterare l'opinione pubblica, pochi parlano delle operazioni di imboscamento delle notizie vere, il cui risultato è sempre lo stesso: un'alterazione dell'opinione pubblica, ma in questo caso l'azione è più sottile e passa quasi sempre inosservata. In rete infatti non si trova "di tutto" ma si trova solo quello che qualcuno decide che deve essere trovato; poi esiste anche il "deep internet" ma le relative pagine, anche quando strutturate per essere visualizzate con un comune browser, sono generalmente accessibili solo a un pubblico ristretto.

Venne poi la volta di un audit presso un installatore di impianti elettrici; era il mese di luglio e faceva molto caldo. Trecento chilometri in auto sotto il sole mi fecero arrivare in azienda già molto provato. Gli uffici erano al primo piano di un capannone industriale; notai subito che alle pareti della scala erano affisse numerose cornici contenenti pagine di giornali quotidiani. All'ingresso dell'ufficio era stata messa una statua di Benito Mussolini in grandezza naturale, cosa che provocava non poco sconcerto. Gli impiegati mi guardavano sorridendo; eravamo sostanzialmente in un sottotetto senza aria condizionata nel primo pomeriggio e senza la possibilità di aprire le finestre. Iniziammo l'audit e quasi subito io proposi di andare in cantiere; almeno in auto l'aria condizionata funzionerà pensai… poi al rientro sarà meno caldo…

- *…Questa sera in albergo comincio a scrivere il rapporto così domani mattina glielo leggo e me ne vado prima che il sole riesca a creare l'effetto fornace nel sottotetto…*

Il titolare dell'azienda invece aveva un ufficio al piano terra. Alla mia proposta di andare in cantiere arrivò subito, abbastanza seccato perché probabilmente avrebbe evitato di uscire dal suo comodo ufficio e quindi ebbi modo di conoscerlo; era completamente vestito di nero con un braccio tatuato di nero; io ero sui toni del bianco invece. Scendendo le scale mi resi conto che i ritagli di giornale riportavano eventi dell'epoca fascista.

Anche questo cantiere era in un allevamento intensivo; di conigli questa volta. L'impresa era stata incaricata di sostituire l'attuale impianto di illuminazione con delle luci a LED in modo da risparmiare sui costi di energia elettrica. Mi fecero entrare in un ambiente quasi completamente buio pieno di gabbiette accatastate dove all'interno si trovavano dei conigli albini in uno spazio che non gli consentiva neanche di muoversi; erano bianchi con occhi rossi e osservavano i nostri movimenti. L'odore di ammoniaca rendeva praticamente impossibile la respirazione; la poca luce presente entrava attraverso delle piccolissime finestre a nastro, per il resto non c'era altra illuminazione; l'impianto c'era ma non veniva acceso perché consumava troppo, secondo loro. Il titolare sembrava un maiale con addosso dei vestiti. Gli chiesi se potessi fare una fotografia e lui mi buttò fuori dal capannone proferendo una serie di improperi irripetibili. Tornammo in ufficio con un viaggio delirante dove il titolare mi raccontò quanto fosse "bella" l'epoca fascista e quante cose interessanti si potevano fare allora. Decisi di non rientrare neanche in ufficio ma di andare direttamente in albergo.

Il giorno dopo mi alzai, aprii la valigia e vidi che l'unica camicia fresca che avevo era NERA! Cercai di rimettermi la camicia bianca del giorno prima anche se puzzava di ammoniaca ed era stropicciatissima. Considerai anche di andare in qualche centro commerciale e comprare un'altra camicia, possibilmente rossa o eventualmente gialla. Ma i centri commerciali aprivano troppo tardi. Indossai quindi ancora la stessa camicia bianca del giorno prima. Alla reception dell'hotel notai che mi guardavano un po' strani e quindi mi resi conto di avere anche una macchia di inchiostro su un polsino. Chiesi nuovamente la chiave della camera dove andai a rimettermi la camicia nera.

Arrivato in ufficio, il titolare mi accolse con un sorriso smagliante e mi disse che forse il giorno prima aveva avuto una considerazione un po' diversa nei miei riguardi, anche per l'atteggiamento che avevo avuto nell'allevamento di conigli; la sera stessa infatti il proprietario dell'allevamento l'aveva chiamato per sapere dove alloggiassi per tagliarmi le gomme dell'automobile. Si erano rivolti anche all'unico albergo che c'era in paese sperando di trovare la mia auto parcheggiata, eventualmente anche per incendiarla. Purtroppo per loro, io non avevo lasciato detto dove fossi e avevo prenotato in un agriturismo appena fuori dal paese, oltre al fatto che avevo preso l'abitudine di viaggiare solo con automobili noleggiate. Quindi cominciò con un lungo sproloquio sul fascismo; io facevo finta di ascoltare e nel frattempo compilavo gli ultimi moduli scrivendo un po' di cose a caso (rapporto di audit, check-list ecc.). Passai i documenti su una pendrive alla segretaria chiedendo di stampare tutto il più velocemente possibile e di firmare. Non appena finimmo di firmare tutti i fogli mi alzai, mentre di titolare stava raccontando che senza di "lui" saremmo stati lì ad illuminare la stanza con le candele di cera bla bla bla, lasciai i documenti sul tavolo, mi alzai e me ne andai; ci rimase malissimo e purtroppo dovetti anche stringergli la mano.

20 AUDIT DA DELIRIO (PROCEDURE N)

Un giorno mi recai in un'azienda che si occupa di installazione di apparati per intercettazioni ambientali. Su ordine della Magistratura, questa azienda installava microspie, telecamere e altri apparati, in asili, scuole, automobili, parlatori nelle carceri, su pali per illuminazione pubblica e comunque nei luoghi più svariati. L'obiettivo era quello di spiare soggetti sospettati di commettere reati o soggetti già indagati o in carcere. L'attività veniva svolta nel segreto più totale; persino le mogli dei collaboratori erano all'oscuro dell'attività dei rispettivi mariti, credendoli dei semplici tecnici che operavano per installare antenne per telefonia o altre cose comuni. Questi tecnici venivano spesso chiamati a intervenire durante la notte e non era escluso un viaggio in aereo last minute di un migliaio di chilometri per installare qualche apparato con conseguente manomissione dell'impianto elettrico, e relativo ritorno; alla moglie si doveva raccontare che si era dovuti intervenire per un guasto bloccante su un'antenna di un operatore telefonico. Magari si era installata una telecamera su un lampione per vedere all'interno dell'abitazione di un boss, oppure un sistema di intercettazioni all'interno di una scuola materna dove erano stati segnalati potenziali abusi su minori ecc.. L'installazione di questo genere di apparati presupponeva ovviamente la conseguente compromissione della conformità dell'impianto stesso alle norme vigenti, quindi di fatto si commetteva un reato dalle potenziali conseguenze anche gravi (con eventuali problemi anche di carattere risarcitorio in caso di sinistri).

Tutto ciò premesso, nel corso dell'audit l'amministratore delegato, unica figura disponibile, ha dichiarato che non poteva evidentemente fornire alcuna indicazione sull'operato, salvo le informazioni generiche descritte sopra, e tantomeno poteva fornire nominativi di 'clienti' e mostrare qualsiasi tipo di documento. Quindi l'audit si è svolto parlando del più e del meno senza alcun riferimento a procedure, istruzioni, documenti vari... Ho scritto di conseguenza un rapporto di audit dove sostenevo che, a causa della particolarità delle attività svolte, non era stato possibile acquisire alcuna evidenza di conformità alla norma ISO 9001. Il risultato fu che all'azienda venne confermata la validità del certificato senza alcuna obiezione da parte del fantomatico Comitato Tecnico dell'Ente. Il solito discorso: due pesi e due misure; d'altra parte il cliente pagava... non si poteva certo negare una certificazione.

Il giorno successivo mi recai in una software house. Finalmente qualcosa di più semplice e coerente con le mie esperienze lavorative pregresse pensai. E invece non andò così. Il responsabile dell'azienda, dopo i preamboli iniziali, mi fece finalmente vedere come veniva svolta l'attività di progettazione del software. Mi chiese se volessi vedere le procedure Normali o quelle 'N'. Gli chiesi se 'N' non fosse sinonimo di 'Normale' e cosa ci potesse essere di non normale in uno sviluppo sofware; cominciai anche a guardare la consulente che tuttavia mi pareva alquanto smarrita e non capiva, o faceva finta di non capire, recitando perfettamente la sua commedia. Lui ripeteva: 'Normali' o 'N'? Decida lei. Alla fine dovette essere chiaro:

- Le procedure 'Normali' sono quelle normali, mentre quelle 'N' sono per la gestione del 'Nero'! Ha capito ora?

- Il ''Nero'? Ma di cosa sta parlando?

- Come 'di cosa sto parlando?' Sto parlando della contabilità parallela! E' da questa mattina che si trova qui e non ha ancora capito per cosa siamo stati certificati? Vede... tutti sono capaci di sviluppare dei software gestionali 'Normali', tanto in caso di perdita di qualche dato, con tutte le registrazioni disponibili, anche cartacee, si riesce sempre a recuperare tutto e a far quadrare il bilancio. Ma se parliamo di 'Nero', per definizione non devono esistere documenti: la gestione del 'Nero' prevede lo sviluppo di software gestionali molto più accurati e sofisticati, anche per gli aspetti legati alle credenziali di accesso, al salvataggio dei dati (dove li si salva? Ovviamente non sul cloud!), alla cifratura dei dischi ecc. Ecco, noi siamo una software house specializzata nello sviluppo di software per contabilità parallela; chiaro ora?

Ebbene, sono stati certificati anche loro: una software house specializzata nello sviluppo di software per la contabilità delle evasioni fiscali! Sul certificato venne scritto "progettazione e sviluppo di software gestionali personalizzati".

21 AUDIT DA PANICO (HARD AUDIT)

Arrivai in azienda puntuale per la solita verifica della qualità, ma non c'era nessuno. Dovetti attendere un'oretta e, finalmente, verso le dieci cominciarono ad arrivare tutti. La segretaria sembrava uscita da un salone di bellezza mentre il titolare dell'azienda e suo figlio sembravano usciti da una grotta, per come erano abbigliati, per gli stivali di gomma e la puzza di umidità che avevano addosso. Mi spiegarono che avevano un'impresa di edilizia stradale. Io non sapevo cosa fosse l'edilizia stradale ma la cosa non preoccupava nessuno; neppure il consulente anziano ed obeso che nel frattempo aveva fatto la sua comparsa uscendo, non si sa come, da una Mini Cooper nero brillante (più che altro nessuno aveva capito come fosse riuscito ad entrare in un'auto che sembrava più piccola di lui). E così eravamo tutti lì pronti ad affrontare la giornata: io più svogliato che mai, e loro eccitatissimi e ansiosi di mostrarmi di tutto, compreso quello che non avrei mai voluto vedere, ma di questo parlerò più avanti. Ingenuamente mi ero illuso di recitare il copione numero venticinque oppure anche il numero ventisette, che avevo già recitato il giorno prima alla signora della cooperativa di pulizie e che andava bene per tutte le situazioni – avevo impiegato anni per elaborare una recitazione diabolica, perfetta e universalmente valida. Invece no. Anche loro avevano un copione da recitare, anzi, più che altro recitavano a braccio facendosi da spalla, padre e figlio. La segretaria invece recitava la parte della mummia. Fu una gran fatica dovermi adeguare e resistere ai colpi di sonno di cui ero vittima. Dopo un paio d'ore di battute e relative risposte, i due decisero che era venuto il momento di andare a lavorare e quindi passarono la parola al consulente, che fino a quel momento aveva fatto da spalla alla mummia rimanendo perfettamente immobile. La cosa non gli fu di difficile attuazione perché, proprio in quel momento, ci accorgemmo che quel ronzio fastidioso che sembrava provenire dal frigorifero, in realtà proveniva proprio dal consulente che stava russando da due ore. Il consulente fu svegliato bruscamente e incominciò con la sua recitazione che, fortunatamente, durò solo un'oretta. Poi i due tipi agresti ritornarono e ci invitarono a pranzo. Per l'occasione si presentarono con una Mercedes nuova nero fiammante e lucidissima e ci condussero in un lussuoso ristorante nel centro di Cervia, vicino al mare. Nonostante fossimo all'apice della stagione balneare il ristorante era vuoto. I tipi agresti decisero di pranzare all'aperto, malgrado il caldo, che evidentemente fornì un ulteriore impulso alle loro menti deliranti, facendo precipitare la situazione nel giro di qualche ora; infatti il pranzo durò da mezzogiorno fino alle quattro del pomeriggio. Il titolare iniziò a trattare con il cameriere che conosceva bene. Inizialmente fece anche finta di chiederci cosa avremmo voluto mangiare, ma in realtà lui aveva già deciso.

– Lei cosa prende dottore? Guardi, qua è tutto buonissimo.

– Mah, io starei leggero anche perché poi...

– Senta, facciamo così. Porti un antipastino di pesce crudo, e anche cotto, per tutti, giusto per iniziare, così nel frattempo decidiamo. Ah, ovviamente il solito vino bianco fresco che avete voi, anzi no, porti dello Champagne. Quindi dottore, cosa prende?

– Dicevo, che starei leggero anche perché...

– Cameriere! Camerireeeeee!!! Mi cambi il tovagliolo! Sembra che ci si sia pulito il sedere una vecchia!

–   Ah! Subito! Mi scusi.

–   Allora dottore ha deciso?

–   Sì, prendo un'insalata e ...

–   Cameriere! Faccia una frittura mista; un po' di tutto, come al solito!

–   Cosa le metto commendatore? Ho dei branzini freschi freschi e...

–   No! Mi metta un po' di tutto, anzi, mi faccia vedere cos'ha di fresco.

E così il tipo agreste entrò all'interno del ristorante con il cameriere.

–   Non vorrei apparire scortese, ma dal momento che questa mattina non siamo riusciti a vedere molto in azienda, preferirei magari che non ci dilungassimo, anche perché non vorrei correre il rischio di farvi fare tardi questo pomeriggio e quindi...

Il tipo agreste uscì dal ristorante esaltato e disse:

–   Dottore! Venga a vedere cosa hanno all'interno!

E così mi prese per un braccio e mi sollevò di peso strattonandomi fino all'interno del ristorante facendomi strisciare. L'interno del ristorante era deserto e c'era un enorme banco frigo con pesce esposto oltre ad un acquario con dei pesci vivi.

–   Mi frigga un po' di tutto! Anzi no! Mi frigga tutto! Ha capito? Mi frigga proprio tutto e lo metta su un vassoio che poi ci arrangiamo noi.

–   Come vino posso suggerire un Sauvignon ...

–   Ma no! Non bevo pipì di gatto. Meglio del normale Champagne.

Mentre il tipo agreste mi accompagnava fuori dal ristorante sempre tirandomi per un braccio, ebbi una visione che mi fece gelare il sangue nelle vene. Nel ristorante era entrata un'amica del tipo agreste. Lui arrivava circa all'altezza dell'ombelico della tipa, peraltro messo a nudo. Le ginocchia del tipo agreste invece erano all'altezza delle caviglie della tipa che sembrava stesse posando i piedi sui pattini di un catamarano, ma in realtà erano dei sandali. Non era molto vestita, salvo una micro-gonna e un top che, per qualche misterioso motivo della fisica, riusciva a sostenere il peso di un quantitativo di silicone mai visto in un unico blocco sulla faccia della terra prima di quel momento. Nel complesso non si lasciava proprio niente all'immaginazione. I lunghi capelli biondi e un'abbronzatura che sembrava una spalmata di lucido da scarpe completavano il quadro.

–   Dottore! Le presento Francesca. Ha visto che bel trottolin?

Proprio mentre stava pronunciando la parola *trottolin* io stavo pensando ad un'altra cosa che inizia sempre per *"tro"* ma finisce per *"ion"* e credevo che lui me la stesse presentando accompagnandola con questo aggettivo.

Ormai avevo perso il controllo della situazione; non riuscivo più a gestire la tachicardia e cominciavo ad avere dei capogiri, oltre alla mani sudate e tremanti, e non sapevo che poi sarebbe successo di peggio, altro che *trottolin*!

Tornammo fuori, questa volta camminando con le mie gambe, e ci sedemmo proprio mentre stava per essere servito un antipasto che avrebbe sfamato anche un reggimento.

Il tipo agreste ebbe anche la pessima idea di rovesciarmi nel piatto un quantitativo industriale di cannolicchi ancora vivi, che uscivano dal loro guscio per succhiare il condimento nel quale erano immersi.

– Dottore, li succhi! Sono freschissimi!

Non potevo sopportare l'idea di mangiare dei cannolicchi vivi proprio durante il loro pranzo. Quindi approfittai della distrazione della compagnia e infilai tutti i cannolicchi in una fioriera alle mie spalle. Pericolo scampato, pensai. Ma subito dopo mi resi conto che avevo fatto sparire anche i gusci, e qualcuno poteva anche credere che avessi mangiato tutto.

– Dottore, com'erano?

– Buonissimi colendissimo!

Non si era accorto di niente. Mi chiedevo cosa sarebbe successo il giorno dopo con la puzza di pesce marcio nelle fioriere ma non era più un mio problema, soprattutto in questo momento di disperazione.

Dopo un'oretta, quando eravamo tutti annichiliti dal caldo, dal vino e da tutto quello che il tipo agreste ci aveva costretto a ingoiare, fecero la loro comparsa quattro camerieri che trasportavano due vassoi lunghi un metro e mezzo, su ciascuno dei quali era stata depositata una collina di pesce fritto, caldo e fumante.

– Forza, mangiate tutto prima che si raffreddi!

Nessuno aveva il coraggio di incominciare ma alla fine dovemmo rassegnarci. Io avevo capito il trucco delle piante finte alle mie spalle, con delle foglie di finta felce che coprivano anche il bordo della fioriera, e quindi riuscii a infilarci dentro quattro o cinque piattate di pesce una dopo l'altra senza farmi notare. E il tipo agreste continuava a riempirmi il piatto, che fatica!

Dopo circa quattro ore avevamo fatto letteralmente sparire tutto e quindi mi stavo preparando a tornare in azienda e concludere la mia giornata lavorativa, ma il destino aveva in serbo qualcosa di diverso.

In quel momento stava infatti passando un personaggio famoso, di cui io non avevo mai sentito parlare, e che era amico del tipo agreste; per discrezione lo chiameremo semplicemente Piero.

–   Piero! Pierooooo!!! Vieni qua che ti presento il nostro ispettore della qualità: è quello che controlla che in azienda vada tutto bene.

–   Dottore, le presento Piero xxx, lo riconosce vero?

–   Ehm, veramente ... io ... non ricordo, ... non so...

–   Ma come dottore? Ma sta scherzando? Ma non ha mai sentito parlare di quella famosa balera dove sono passati tutti i più grandi cantanti della riviera romagnola? Ha capito di cosa parlo vero?

Ma io continuavo a non capire. Avevo solo intuito che doveva trattarsi di cose degli anni '60, di cui io avevo solo sentito parlare alla radio, ma che non avevo vissuto direttamente. E quindi non sapevo chi fosse questo personaggio che, a detta di tutti gli altri, era famosissimo in tutto il mondo. Che figuraccia! Ci mancava solo questo dopo il trottolin.

–   Dottore, sa che io e Piero ci conosciamo da quando eravamo giovani? E ne abbiamo fatte veramente di tutti i colori! Avevamo anche preso in affitto una stanza a Cesenatico e abbiamo rimorchiato degli zoccoloni che lei non può neanche immaginare. Non c'era turista in tutta la riviera che non fosse passata dal nostro appartamento. Ti ricordi Piero quante ne abbiamo combinate?

–   Eh già! - rispose Piero, tra il nostalgico e il molto imbarazzato.

–   Ah, dottore ! Ma lo sa che Piero ha un affare che è grosso così - disse indicando una dimensione pari a circa la metà di uno dei vassoi che occupavano due tavoli -. Vuole vedere? Dai Piero, tiralo fuori! Fagli vedere quanto è grosso!

Piero, che nel frattempo era stato fatto accomodare su una sedia vicino al suo amico, ridacchiava e fortunatamente non accennava a tirare fuori niente.

–   E dai Piero, tiralo fuori! Picchiaglielo sul tavolo!

–   No dai, forse è meglio di no.

–   Ma su dai, non fare il timido. Faglielo vedere.

Alla fine Piero si alzò e cominciò a slacciarsi la cintura dei pantaloni, proprio mentre io mi guardavo alle spalle e vedevo passare, dietro la fioriera con le piante finte ormai maleodoranti, due signore che spingevano due carrozzine e con altri bimbi a piedi. Piero, vedendo le signore, decise di lasciar perdere e si sedette.

A questo punto il tipo agreste non aveva più argomentazioni e l'alcool ebbe il sopravvento. Piero stava per andarsene quando arrivarono i camerieri con i caffè. Dopo i caffè salutammo Piero e tornammo in azienda, facendoci accompagnare dal figlio del tipo agreste che aveva bevuto solo quattro o cinque bottiglie di Champagne. In auto non c'era nessun frigorifero e quindi non ci furono dubbi sul fatto che il consulente stesse russando. Lo lasciammo lì per un paio d'ore a dormire mentre io scrivevo il mio finto *report*, e mentre i tipi agresti sparirono e la segretaria gnocca si smaltava le unghie. Alla fine ognuno si assopì e andò per la sua strada. Non seppi più niente di nessuno.

22 AUDIT SINGOLARI (SORGENTI E REGINE)

Capitava sempre più frequentemente di incontrare personaggi bizzarri e di verificare attività originali; una volta dovetti condurre un audit presso un impianto dove era in funzione un reattore nucleare utilizzato per scopi scientifici (non per produzione di energia elettrica). Gli addetti che operavano presso l'impianto sembravano usciti da un film girato in URSS negli anni '70. C'era una ragazza bionda che, se non fosse stato per il cognome, avrei giurato che fosse russa. Il suo collega invece era un tipo allampanato con l'aspetto di uno scienziato folle, laureato in fisica nucleare. Stavo conducendo l'audit con un collega, i due personaggi originali, insieme al loro responsabile, ci portarono sul bordo della piscina dove, utilizzando una canna da pesca con l'etichetta di un noto marchio francese con caratteri bianchi e sfondo azzurro, calarono una barra di uranio in acqua. Immediatamente comparve una luce azzurra e ci dissero che era l'effetto Cerenkov; in altre parole, le particelle subatomiche viaggiavano a velocità maggiore di quella della luce[15] e quindi si verificava un effetto simile al più comune effetto Doppler (che è relativo alle onde sonore). Almeno avevo imparato qualcosa di nuovo. Assolutamente inquietante, anche perché il bordo della piscina non aveva nessuna protezione contro le eventuali cadute. Finalmente ci allontanammo e, per verificare che non fossimo contaminati ci fecero mettere le mani in uno scanner che immediatamente si mise a suonare emettendo un suono assordante e inquietante segnalando una contaminazione. Io non riuscivo a capire cosa potessi avere toccato per contaminarmi ma mi dissero che era normale; lo scanner infatti non funzionava da anni. Anche tutti gli altri risultarono contaminati ma la cosa non sorprese nessuno. Il collega decise di non scrivere nessuna "non conformità" sostenendo che non voleva sollevare questioni con un cliente così particolare. Come sempre le questioni importanti venivano imboscate. Poi ci fecero vedere un canale di scarico che usciva dall'impianto e ci spiegarono che l'unico modo per gestire la radioattività era quello di diluirla, quindi si scaricava in ambiente materiale radioattivo. Questo fu il primo approccio, almeno consapevole, con la radioattività. Poi seguì un audit in un'altra strana azienda che, come principale attività, installava dei "portali" per la rilevazione della radioattività nelle acciaierie, e in altri luoghi dove si ricevevano o lavoravano metalli. Erano dei pannelli in grado di rilevare la radioattività senza necessità di scaricare il materiale dai camion con i quali veniva trasportato. Per la verifica periodica di funzionalità di questi "portali" era necessario utilizzare una sorgente radioattiva; fu così che mi capitò di fare un viaggio in auto con una di queste sorgenti. Durante il viaggio ci capitò anche di fare una lunga sosta in un ristorante e non ho mai capito se la sorgente fu lasciata in auto e venne con noi al ristorante… ho preferito non saperlo. Con noi c'era anche il loro consulente: un tipo tronfio che era riuscito a comperare una laurea in ingegneria sostenendo pochi finti esami on-line e che andava orgoglioso di farsi chiamare "ingegnere". Parlando di radioattività mi dissero:

---

[15] Questo è possibile in un mezzo (come l'acqua), non evidentemente nel vuoto.

- Ma lei in casa ha una pentola di metallo?

- Beh… mi sembra il minimo.

- Ecco: allora ha in casa del materiale radioattivo.

- Se poi abita in un piano basso c'è anche il problema del radon. E se mangia mirtilli ancora peggio!

Bene pensai, si impara sempre qualcosa di nuovo, anche se a volte sarebbe meglio non sapere.

Fortunatamente subito dopo il viaggio in auto con una sorgente radioattiva mi capitò di fare anche un viaggio in compagnia di qualcosa di più interessante: una vera regina. Ero in auto con dei clienti (padre e figlio) e il loro consulente, diretto al cantiere nel quale avrei condotto l'audit quando loro ricevettero una telefonata e mi dissero che avremmo dovuto fare una piccola deviazione perché era appena stato consegnato un pacchetto nella loro abitazione. Così arrivammo nella loro villa dove c'era un piccolo pacchetto che sporgeva dalla cassetta della posta. Il figlio prelevò il pacchetto e disse:

- Finalmente! Era tanto che l'aspettavo. E' la regina!

Credevo che fossero matti ma poi mi spiegarono che avevano la passione per l'apicoltura e avevano comperato un'ape regina su un sito internet ed era stata spedita per posta in un pacchetto. La regina era stata spedita con un corriere espresso;

- Abbiamo preferito evitare le poste ordinarie perché sono certificate ISO 9001 e… in caso di reclamo non avremmo mai scoperto in quale cestino sarebbero finite le nostre eventuali rimostranze. Si sa che un'azienda certificata deve cercare di contenere il numero di reclami: lo facciamo anche noi…

Non avrei mai pensato che fosse possibile spedire una regina in un pacchetto postale.

23 AUDIT MISTICI (IL DON)

Arrivai all'indirizzo indicato con largo anticipo ma trovai solo una casa diroccata con una scala esterna completamente priva di parapetto. Ci pensai due volte prima di salire ma poi considerai che non avevo alternative. In cima alla scala c'era una vecchia porta di legno marcio e nessun campanello. Cercai di bussare ma appena toccai la porta questa si aprì. All'interno c'era un locale poco illuminato e vidi venirmi incontro una signora anziana. Disse che Mario, la persona con la quale avevo appuntamento, sarebbe arrivato nel giro di qualche minuto.

Mi fece sedere su un vecchio divano con le fodere strappate e, dopo una breve attesa, entrò un vecchietto completamente vestito di nero. Mi strinse la mano con una stretta forte ma gelida: sembrava la mano di un cadavere rigido o di un manichino tirato fuori da un magazzino freddo, con i vestiti addosso, pronto per essere depositato nella vetrina di un negozio di abiti riciclati e fuori moda.

Mario disse che non poteva concedermi molto tempo. Diede una veloce occhiata al suo vecchio orologio e mi propose di seguirlo nel cantiere dove stavano operando i suoi ragazzi.

Andammo con la sua utilitaria. Il percorso fu lungo e tortuoso su strade strette di montagna. Mario non parlava. Io cercavo di conversare ma dopo un po' dovetti rassegnarmi. Dopo un'oretta di viaggio, Mario parcheggiò in un punto dove c'erano due uomini che stavano cercando di fare un piccolo scavo con un piccone spuntato.

– Ecco i ragazzi! - Disse Mario.

Veloce presentazione.

– Bene, possiamo vedere i documenti?

Scambio di occhiate furtive fra i tre. Nessuna risposta. Nessuno parlava.

– Scusate. Non voglio farvi perdere del tempo. Guardo solo che ci siano i documenti e poi vado via, d'accordo?

Uno dei due mi allungò due pezzi di carta lacerati e sporchi di fango e di altro che non oso nemmeno immaginare, forse vino rosso.

– Tenga! Disse l'uomo.

– No. Scusi. Me li illustri lei.

Il tipo iniziò a tremare e disse:

– Ce la posso fare. Ce la posso fare. Mi sono fermato alla terza media.

Ma per dirmi cosa c'è scritto non è necessario avere frequentato l'università, mi creda!

Considerando l'imbarazzo generale, il suo collega intervenne:

– Intendeva dire che questa mattina si è fermato alla terza birra media. Solitamente a quest'ora ha già bevuto almeno una bottiglia di vodka e qualche Campari al bar.

Una rapida occhiata all'orologio per verificare che fossero le 9:30 e dissi a Mario:

– Il cantiere è perfetto: possiamo tornare alla sede.

Altra ora di auto con Mario che guidava in religioso silenzio e arrivammo alla casa diroccata.

Cercai di arrampicarmi al secondo piano senza cadere dalla scala senza parapetto ed evitando di guardare nel vuoto.

Arrivati nel locale buio Mario guardò l'orologio e disse:

– Mi scusi ma devo andare ad un funerale. Ci vediamo più tardi.

Rimasi quindi solo sul divano lacerato per un paio d'ore. Impossibile cercare di telefonare: non c'era campo. Idem per navigare in internet. Ero proprio completamente isolato e prigioniero in una casa diroccata.

Presi un foglio di carta bianca e inventai il resoconto della mia ispezione.

Quando arrivò Mario gli chiesi di firmare un po' di fogli e lo salutai, con la solita stretta di mano inquietante che mi fece venire i brividi. Sperai solo di non rivederlo mai più.

Fuori il sole era abbagliante, forse per il contrasto o forse per essere rimasto troppo tempo al buio. Per un attimo non riuscii neanche a vedere quello che rimaneva di una vecchia scala esterna piena di buchi. Riuscii, miracolosamente, a non cadere nel vuoto e andai nell'albergo che avevo prenotato. Mi informarono che al piano interrato c'era una palestra convenzionata con l'hotel alla quale avrei potuto accedere liberamente. Non ci pensai due volte. Mi cambiai e andai subito in palestra. C'era solo un giovane istruttore un po' strano che mi chiese:

– Sei in vacanza per fare vela sul lago?

Non mi ero nemmeno reso conto che l'hotel si affacciava su un lago..

– No, dissi, sono qui per lavoro.

E quindi dovetti spiegare rapidamente cosa facevo.

– E in quale industria sei stato oggi?

– Oggi sono stato in una specie di impresa stradale ma francamente non ho capito molto. Ho visto solo un certo sig. Mario ma…

– Ah! Sei andato da Don Draga!

– No, non mi sembra che si chiami così, anche se adesso che ci penso non mi ha mai detto il suo cognome.

– Lo chiamano Don Draga. Mario è il parroco del paese ma ha anche fondato una cooperativa per il recupero dei tossicodipendenti e alcolizzati e cerca di farli lavorare anche se con scarsi risultati, a quanto dicono. Oggi ha anche celebrato il funerale di una mia prozia di centouno anni.

– Ah! Mi spiace. Però era anziana la prozia.

- Quasi coetanea di Don Draga. Lo so che dice di avere sessantacinque anni. Ma qualcuno dice di essere certo che in realtà sono novantacinque.

- Però! Oggi mi ha anche accompagnato in auto per un lungo giro in montagna su strade ripidissime. Incredibile che abbia ancora la patente di guida!

- Ehm! Forse non dovrei dirlo ma... Don Draga non ha mai avuto la patente. Guarda..., tanto lo sanno tutti, compreso la Polizia Locale, che sa ma fa finta di non sapere. Qua tutti sanno ma fanno finta di niente. Qualcuno dice addirittura che Don Draga non abbia mai imparato né a leggere né scrivere. Quando celebra la messa finge di leggere ma in realtà sa tutto a memoria. Beh! Un po' di recitazione è dovuta, soprattutto per i turisti di passaggio; sai com'è, vero?

Tornai tante altre volte da Don Draga. Lui non disse mai di essere il parroco del paese e io evitai di dirgli che lo sapevo. E Don Draga si assentava ogni volta più spesso. Tra matrimoni, funerali, confessioni ecc. ormai non lo vedevo quasi più.

Trascorrevo ore nella casa diroccata sul divano che diventava ogni anno sempre più logoro, in attesa di Mario che diventava sempre più vecchio e sempre più freddo e con il cerume che gli tracimava sempre più dalle orecchie. Ogni volta era sempre più difficile sedermi sul divano evitando le molle che sporgevano dalla tappezzeria strappata e con il timore che ci fosse anche qualche siringa usata tra i cuscini.

Trascorse qualche anno. Una volta mi capitò di arrivare la sera prima in albergo e mi dissero che il giorno dopo ci sarebbero stati i funerali del parroco del paese. Quindi capii perché da due giorni Don Draga non rispondeva al telefono.

24 EXCUSATIO NON PETITA...

Ad un certo punto cominciavamo a essere stanchi di questa ISO 9001 e soprattutto delle condizioni in cui eravamo costretti a operare e al modo con cui gran parte dei clienti ci trattavano. Alcuni colleghi, che dal nostro punto di vista erano dei privilegiati, si occupavano anche di altri schemi di certificazione; in particolare i Sistemi di Gestione Ambientale e i Sistemi di Gestione per la Sicurezza. Le aziende che decidevano di applicare questi sistemi di gestione erano in numero decisamente inferiore e, soprattutto, erano motivate da maggiori convinzioni rispetto agli inflazionati Sistemi di Gestione per la Qualità. Questo genere di verifiche veniva spesso subappaltato ad una società di consulenza esterna, a causa dell'elevato carico di lavoro in relazione al numero di valutatori qualificati.

Ad un certo punto c'è stata l'opportunità di frequentare un corso di formazione che avrebbe abilitato alcuni valutatori a svolgere verifiche ai Sistemi di Gestione Ambientali, secondo la norma UNI EN ISO 14001. Il nostro responsabile non fece in tempo a comunicarci questa notizia che tutti i valutatori si scannarono per poter partecipare al corso; si sfiorò una vera rissa. Si decise quindi che tutti potevano partecipare. L'organizzazione del corso venne affidata ai nostri consulenti esterni; quelli ai quali la nostra azienda subappaltava parte delle attività. In altre parole: loro avrebbero dovuto abilitarci in modo che noi potessimo in futuro svolgere le attività sottraendole a loro cha avrebbero visto azzerare le commesse. Incredibile!

Il corso, della durata di una settimana, iniziò intenzionalmente con il piede sbagliato; i docenti organizzarono una sorta di teatrino che prevedeva continuamente il nostro intervento ed era studiato in modo tale da generare interminabili e sterili discussioni. Arrivati al terzo giorno mi resi conto che il corso non era sostanzialmente neanche iniziato. Scatenando l'odio dei colleghi, che preferivano chiacchierare, prendere parte ai giochi di ruolo e perdere tempo in tutti i modi possibili, ad un certo punto io persi la pazienza e feci notare che di questo passo io ritenevo che il corso non fosse di fatto stato erogato, visto che nessuno degli argomenti previsti era stato neanche vagamente affrontato. Si generò il panico tra i tre docenti che subito cambiarono rotta e iniziarono a inondarci a raffica di informazioni dettagliatissime e talvolta completamente inutili. Da un estremo all'altro; prendere appunti richiedeva un'abilità incredibile. I miei colleghi non capivano più niente; io ero avvantaggiato perché prima del corso avevo studiato gli argomenti per conto mio. Si scatenò l'ansia e la rabbia e qualcuno cominciò a porsi il problema di come superare l'esame finale, visto la mole e la complessità degli argomenti; sembrava di essere ritornati ai tempi degli esami di maturità. Io contavo sul fatto di riuscire a superare l'esame finale studiando, anche fino a tarda notte; qualche mio collega invece aveva altre idee; la necessità aguzza l'ingegno!

L'ultimo giorno, dopo la lezione, i docenti ci salutarono lasciandoci in uno stato che rasentava la disperazione in un caldissimo giorno di primavera. Prima di uscire dall'ufficio decisi di fare alcune fotocopie e mi accorsi che c'era un foglio inceppato nella fotocopiatrice. Estratto il foglio con una certa fatica e quasi ridotto a brandelli, non potei evitare di curiosare e dal momento che non era semplice capire cosa fosse, mi impegnai più che altro per una questione di principio. C'erano alcuni elementi che sembravano stranamente riconducibili agli argomenti del nostro corso. Guardando meglio, sembravano delle domande con relative risposte; giusto tre domandine ma sufficienti per farmi intuire che poteva essere l'ultima pagina di un test. Magari proprio il test per l'esame previsto per il giorno successivo; ma come poteva essere finito in una fotocopiatrice in un ufficio lontano almeno trecento metri dalle aule dove si svolgeva il corso? Feci vedere i pezzi di carta estratta dalla fotocopiatrice ai miei colleghi che non ebbero dubbi: era un pezzo del test finale del corso.

Improvvisamente entrò un mio collega con aria baldanzosa:

- Signori vi saluto! Ci vediamo domani!

- Fermo! Sei stato tu! Dalla fretta non ti sei accorto che hai lasciato un pezzo di carta nella fotocopiatrice. Dove sono tutti gli altri fogli?

- Io veramente non capisco di cosa state parlando; ero giù dai colleghi dell'informatica a farmi riparare il computer!

- Excusatio non petita, accusatio manifesta! Sei stato tu! Hai lasciato un pezzo del test finale dell'esame nella fotocopiatrice. Quindi vuol dire che tu hai tutti gli altri fogli!

- No no… io non so di cosa stiate parlando.

66

E così ci lasciò, frettolosamente e senza altre spiegazioni. Dopo qualche attimo suonò il telefono di un collega. Era un altro collega, che aveva lasciato la sede al termine della lezione e si stava dirigendo verso casa in autostrada a oltre cento chilometri di distanza. Il collega disse:

- Sentite, so che avete trovato un foglio. Me l'ha detto P. M.. Quindi sapete che abbiamo sottratto il tema della prova scritta. Avevamo notato che i docenti utilizzavano una borsa per depositare il materiale del corso e, quando andavano a pranzo, la abbandonavano in aula. Quindi abbiamo pensato di curiosare: R. Roger faceva da palo e io frugavo nella borsa di una delle docenti. Alla fine abbiamo trovato quello che cercavamo e l'abbiamo fotocopiato. Purtroppo uno dei colleghi ne ha parlato anche con quel coglione di P. M. che ha voluto a tutti i costi fare una fotocopia e non si è accorto che uno dei fogli è rimasto inceppato nella fotocopiatrice. Quindi è andata così.

- Bene, allora ti conviene uscire dall'autostrada al primo casello, poi vai in una copisteria o dove diavolo preferisci e mandi subito un fax al nostro ufficio con il tema d'esame, altrimenti facciamo scoppiare uno scandalo.

E così nel giro di un'ora riuscimmo ad avere il tema d'esame e lo fotocopiammo per tutti. Ormai si era fatto tardi quindi decidemmo di prendere un trancio di pizza e andare nella camera d'albergo dove alloggiava uno dei colleghi. Praticamente ci trovammo tutti su un letto a leggere le venti pagine del tema d'esame e cercare di capire qualcosa, visto che era molto complicato. Era un test in due parti: una parte alla quale si doveva dare delle risposte in formato libero e una parte con domande a scelta multipla. Nelle risposte già scritte di quest'ultima parte a me sembrava che ci fossero degli errori e qualcuno dei miei colleghi concordava. Alla fine, visto che non si riusciva a capire molto, sciogliemmo la seduta e ognuno tornò a casa, ormai accompagnati dalle tenebre.

Il giorno dopo dovemmo affrontare l'esame. Oltre alle tre docenti comparve una loro collega piccola, nera come la pece, brutta e cattivissima. Iniziò l'esame e io decisi di fare di testa mia e rispondere come ritenevo corretto, non seguendo tutte le risposte; quasi tutti i miei colleghi invece copiarono pedissequamente, compreso il nostro responsabile. E così non furono ammessi all'esame orale. Io fui uno dei pochi (forse due o tre) che riuscì a superare anche l'esame orale ma fu una fatica assolutamente inutile. Per motivi misteriosi, nonostante l'esame superato con esito positivo, l'azienda decise di non qualificarci; forse si era capito che c'era un forte rischio di compromettere i rapporti con la società di consulenza che aveva organizzato, controvoglia, il corso. Quindi tutto tornò come prima e continuammo ad occuparci delle solite cose.

25 AUDIT DEMENZIALI (BENVENUTI AL NORD)

Faceva molto freddo in Trentino all'inizio di dicembre. Arrivai in azienda e mi presentarono il consulente Francesco Marsala. Mi dissero che era arrivato in azienda la sera prima da Messina apposta per l'ispezione della qualità. Non capivo che bisogno ci fosse di arrivare la sera prima ma poi mi spiegarono che il sig. Marsala aveva dovuto lavorare tutta la notte per compilare alcuni moduli. Poi non capivo cosa ci facesse uno di Messina in Trentino; evidentemente c'era qualcosa di strano e fuori dalle mie capacità di comprensione. Certo che si distingueva da tutti gli altri: con il suo abito nero gessato e tirato al massimo, nel disperato sforzo di resistere ad un probabile distacco dei bottoni con possibili effetti esplosivi, e le scarpe bianche con i profili neri. All'anulare aveva un anello d'oro con un enorme stemma di famiglia e al mignolo un'unghia lunga e nera che spesso si infilava nel naso e nelle orecchie. Il sig. Marsala iniziò a parlare producendo parole a raffica con un tono talmente monotono che mi ricordava un treno che corre sui binari con le ruote ovalizzate. Iniziai da subito ad avere un forte mal di testa ma non potevo fare altro che sopportare questa mitragliata di sciocchezze fuori luogo, fuori contesto e fuori di testa. Interagire con il sig. Marsala era assolutamente impossibile. Riusciva ad emettere le parole una dopo l'altra senza respirare, anzi, ebbi la netta sensazione che stesse respirando con le orecchie visto che non lasciava assolutamente spazio di intervento se non quando, saltuariamente ma sempre più frequentemente, bloccava le frasi a metà e poi diceva: - Lei mi capisce vero? E io non capivo ovviamente assolutamente niente. Parlava emettendo una specie di gas mefitico, tanto che dava l'impressione di avere delle bombole piene di gas lacrimogeno al posto dei polmoni; io ascoltavo rimanendo immobile visto che era l'unico modo per gestire lo stato di apnea. Viceversa sarei svenuto asfissiato. Ad un certo punto si bloccò improvvisamente e disse:

- Ma è l'ora di andare a pranzo! Dove ci portate?

- A pranzo? Ah! Bisogna andare a pranzo? C'è un bar qui all'angolo, va bene a tutti?

- Io veramente voglio andare al ristorante! – disse il consulente.

I titolari dell'azienda rimasero allibiti. Si scambiarono qualche occhiata furtiva e poi presero una decisione dandosi una strizzata di occhi, che io riuscii a percepire, e iniziai a preoccuparmi. Ci portarono quindi in un ristorante sperduto sulle montagne costringendoci a mezz'ora di auto su strade tortuose e dissestate pur di raggiungere questo luogo che evidentemente doveva essere molto economico. Era ovviamente una baita di montagna, di quelle con le tovaglie a quadretti rossi e bianchi e le tende alle finestre uguali alle tovaglie e che non lasciavano filtrare nulla se non un opaco alone biancastro. Tavoli e sedie erano di legno di abete. Insieme ai due titolari dell'azienda c'eravamo io, il sig. Marsala e una sua collega che non aveva proferito parola per tutto il giorno a parte il saluto delle ore otto accompagnato da una stretta di mano talmente molliccia che mi era sembrato di stringere un calzino madido. I titolari ordinarono solo una delle due portate del "menù del giorno". La collega del sig. Marsala, talmente in sovrappeso che tracimava vistosamente dalla sedia di legno sulla quale era seduta, volle comportarsi da donna frugale-professionale e ordinò solo un piatto di verdure bollite e dell'acqua naturale:

- Alle "colazioni di lavoro" preferisco stare leggera - disse, altrimenti il pomeriggio rischia di diventare soporifero.

Peraltro, se anche si fosse addormentata non sarebbe cambiato nulla per noi.

Il sig. Marsala si fece portare il "menù alla carta" e ordinò delle strane pietanze di cui io non avevo mai sentito parlare, a parte l'antipasto di salumi e formaggi misti con verdure in agrodolce. La cosa più sorprendente fu "La nuvola di grano al profumo di mare", che incuriosì tutti. Come seconda portata si fece preparare un misto di tutto quanto era proposto nel menù alla voce "Secondi di mare".

- Essendo siculo ne approfitto per verificare se anche qua sanno cucinare il pesce come da noi, oppure se fanno solo finta.

68

— Anch'io decisi di stare leggero, visto la fatica disumana di sopportare il *verbiage* del sig. Marsala.

Quasi subito arrivarono i nostri piatti e mangiammo abbastanza velocemente. Nel frattempo il sig. Marsala beveva il Teroldego che aveva ordinato, un bicchiere dopo l'altro. Forse avrebbe fatto meglio a farsi portare un bugliolo invece di un bicchiere ma ormai era andata così. Alla fine arrivò anche il suo antipasto; occorse circa un'ora per finire tutto. Nel frattempo il sig. Marsala aveva ordinato un'altra bottiglia di Teroldego. Poi arrivò anche "La nuvola di grano al profumo di mare", che altro non era se non baccalà con polenta. Il sig. Marsala diede in escandescenze urlando che da siciliano non era certo venuto fino in Trentino per farsi prendere in giro da una massa di incompetenti che tentavano di cucinare. Gli altri avventori erano tutti in silenzio e osservavano il nostro tavolo. I titolari dell'azienda sembravano indecisi se essere divertiti o innervositi. La collega chiattona sicula, che aveva i fianchi larghi quasi quanto il tavolo, era completamente inespressiva, come sempre. Dopo pochi secondi, finita la sfuriata, il sig. Marsala sembrava essersi dimenticato di cosa fosse questa "Nuvola di grano" e con una rapida palettata si ficcò in bocca tutta la polenta con il baccalà, emettendo un fragoroso rutto. A questo punto nessuno parlava più. I titolari dell'azienda stavano virando velocemente verso il panico; lo si capiva dalla tensione dei muscoli vicino agli zigomi. Terminato il rutto, il sig. Marsala urlò al cameriere:

— Scusi! Non si è accorto che è finito il vino? Ne porti dell'altro!

Arrivò così un'altra bottiglia di Teroldego. il sig. Marsala beveva, parlava e si ficcava in bocca tutto quello che veniva appoggiato sul tavolo, forse anche un tovagliolo di carta, di cui misteriosamente non si ebbe più traccia. E poi beveva, parlava, beveva, infilava cose in bocca, poi beveva, parlava, beveva, parlava, beveva, beveva, beveva, beveva, beveva...

Erano le quindici e trenta. In sala non c'era più nessuno tranne noi. I camerieri decisero di iniziare a liberare i tavoli e pulire il pavimento.

— Scusi! Scusi ho visto che ci sono delle bottiglie sui tavoli non completamente vuote. Io ho finito il vino.

— Vuole che le porti una bottiglia di vino avanzato?

— No, me le porti pure tutte così assaggio un po' di vini diversi.

— Come vuole.

E così arrivarono sul nostro tavolo un numero di bottiglie che non riuscimmo neanche a contare. Il sig. Marsala, bicchiere dopo bicchiere, beveva di tutto, e parlava. Le ultime bottiglie vennero scolate direttamente a canna; era inutile il doppio passaggio del vino facendolo transitare anche nel bicchiere; anche alzare il gomito era una fatica. Ma il sig. Marsala non riuscì ad assaggiare tutti i vini: cadde con la testa sul morbido, finendo tra le gambe della sua collega che prontamente lo afferrò evitando che si schiantasse sul pavimento. Così i due titolari e la collega si divisero il compito di trasportare sulle spalle il sig. Marsala fino all'auto. Io ero sconcertato e l'unica cosa positiva era che nessuno mi avrebbe riconosciuto in un posto così sperduto sulle montagne, ma la porta del ristorante si aprì improvvisamente e:

– Dottore! Buongiorno! Ma come mai da queste parti?

Era il titolare di un'azienda alimentare dove ero stato qualche mese prima. Una vampata di calore mi assalì e diventai rosso fino alla radice dei capelli. Ero stato riconosciuto.

– E' già qui per la cena? Noi siamo venuti per prenotare il pranzo di Natale che tutti gli anni offriamo ai nostri dipendenti.

Ormai la figuraccia era irrecuperabile. Non sapevo come spiegare il fatto che alle ore diciassette mi trovavo in un ristorante con quattro persone di cui uno privo di conoscenza, una che sembrava una mongoloide e due con la faccia da pirla che non parlavano più da ore.

I tre decisero che il posizionamento migliore del sig. Marsala sarebbe stato nel baule dell'auto, che era comunicante con l'abitacolo perché veniva usato per sistemare i cani da caccia, infatti c'erano anche delle coperte. Quindi il sig. Marsala fu trasportato fino alla sede dell'azienda dove fu depositato su una poltroncina e io potei iniziare la mia intervista alle ore diciotto. Purtroppo il silenzio durò pochissimo. Il sig. Marsala si svegliò urlando in preda ad un incubo, prese un pesante raccoglitore e me lo lanciò in faccia con tutta la violenza di cui disponeva, causandomi un taglio sulla fronte. Dovetti correre fuori dall'azienda e la porta si chiuse dietro le mie spalle con uno scatto metallico. Nel frattempo aveva iniziato a nevicare e io mi trovavo in mezzo alla strada in maniche di camicia con la fronte sanguinante. Purtroppo, alla fine, la situazione venne ricomposta dalla telefonata del mio responsabile e dovetti rientrare e riprendere il mio lavoro. Il sig. Marsala non proferì parola fino alla fine. Poi però decise di scusarsi per l'atteggiamento nevrotico:

– Vede, ho dovuto trascorrere tutta la notte a preparare documenti falsi per lei, e quindi ho avuto un attimo di "cedimento".

Capisco, non si preoccupi. Sono cose che capitano (ma dove?).

– Senta, le offro un aperitivo così ristabiliamo un corretto rapporto di collaborazione, mi segua!

– No, guardi, veramente non è il caso e poi io...

– No, no, no. Non se ne parla neanche. Non mi offenda! Andiamo a prendere un aperitivo.

E così dovetti seguirlo fino in un bar dove il sig. Marsala si fece portare un bicchierone enorme con un beverone superalcolico. Io e la sua collaboratrice preferimmo un analcolico, considerando la situazione. Non aveva ancora filtrato metà bicchiere quando si udì uno schianto fragoroso e mi accorsi che il sig. Marsala era sui miei piedi in orizzontale. I pezzi di vetro del bicchiere erano sparsi ovunque nel locale. Fu subito soccorso dalla sua collaboratrice mentre il cassiere mi guardava con aria inferocita, temendo che fosse un trucco per non pagare. E io non avevo nessuna intenzione di pagare l'aperitivo ai due, considerando l'insistenza con la quale mi avevano invitato. Alla fine la collaboratrice andò a pagare il conto. Poi raccolse il sig. Marsala, lo depositò sul sedile dell'auto e tutti andammo via, mentre nel bar stavano già pulendo le macchie di sangue sparse ovunque sul pavimento. Non li vidi mai più e ovviamente non feci mai nulla per sapere cosa fosse stato di loro.

26 AUDIT AMBIGUI (IMPRESARI CREATIVI)

A volte mi capitava di telefonare per prendere appuntamento per le mie ispezioni e mi sentivo dire:

- Il titolare non è momentaneamente disponibile.

- Può farmi richiamare?

- Non saprei, ma per cosa sta chiamando?

Dopo un po' di spiegazioni percepivo l'assoluta perplessità e capivo che non sarei mai stato richiamato. Allora dopo qualche giorno chiamavo ancora io, ma la situazione era sempre la stessa. Dopo qualche telefonata, riuscii a parlare con un "consulente incaricato" dall'azienda che mi disse:

- Senta, c'è un problema. Il titolare è vittima di un complotto e deve risolvere le sue vicende giudiziarie per poter pianificare questa ispezione.

- Non capisco. Non possiamo fissare un appuntamento e poi le sue vicende le risolve quando vuole senza coinvolgere me?

- No. Forse non ha capito. Forse non dovrei essere così esplicito ma il titolare dell'impresa è momentaneamente non in libertà. Vede, ha cercato di vincere una gara d'appalto e qualcuno si è messo di traverso e, … lei mi capisce vero? E' accusato di "turbativa d'asta". Praticamente è stata organizzata una gita in pullman per fare un sopralluogo, insomma, una normale gita tra amici, lei mi capisce vero? Si era già deciso precedentemente che questa volta la gara d'appalto doveva vincerla lui, ma hanno fatto la gita comunque. E quindi le cose sono andate in questo modo. Ora è "dentro" e per fare l'ispezione dobbiamo aspettare che venga "fuori": si tratta solo di aspettare il momento giusto. Tanto solo i delinquenti comuni rimangono dentro; gli altri stanno fuori o, al più, fanno un po' di dentro e fuori e poi escono.

Mi era sembrato di avere a che fare con un delinquente professionista e mi venne persino la pelle d'oca quando mi spiegarono cosa volesse dire "turbativa d'asta" ma poi capii che in realtà non si trattava di un delinquente ma di un perfetto dilettante.

Un'altra volta capitò di recarmi a visitare un'impresa di costruzioni sui colli piacentini; il titolare mi ricevette tremando e con due occhi lacrimanti e dilatati. In separata sede il consulente e la responsabile della qualità, che come principale attività faceva la cantante nei pub, mi misero al corrente di una situazione che durava da anni. Il titolare aveva l'abitudine di acquistare il materiale edile pagandolo mediante il doppio del valore normale, facendosi retrocedere un po' di pacchi di banconote. Poi vendeva le sue costruzioni a prezzi ridicoli. Mi dissero che aveva persino venduto un castello ristrutturato per pochi Euro; l'acquirente pare fosse sua moglie. Poi mi dissero che aveva venduto persino metà di un paese in una rinomata località ligure per pochi spiccioli. E comperava materiale a prezzi altissimi e in quantità industriali ammassandolo sui vari piazzali dell'azienda o anche buttandolo direttamente in discarica. L'impresa era ovviamente sull'orlo del fallimento e il titolare viveva imbottito di psicofarmaci per poter sopportare la situazione. La moglie invece era nevrotica e sfogava tutto il suo nervosismo sui dipendenti che venivano insultati volgarmente dall'alba al tramonto. Una volta, mentre stavo intervistando i collaboratori dell'impresa, il titolare entrò barcollando e disse:

- Tenga ispettore! Si addolcisca la bocca!

E lanciò sul tavolo una manciata di tavolette di cioccolato.

Come al solito io non capivo e ringraziai imbarazzato, ma poi mi venne spiegato che questo significava che era andato in Svizzera a depositare qualche altra valigia piena di banconote. La situazione ormai era talmente frequente che i suoi collaboratori erano diventati obesi e pieni di foruncoli per il cioccolato. Questo qua la fece franca! Non finì in carcere, almeno per tutti gli anni in cui io lo vidi.

Andò peggio a un altro imprenditore della Riviera Romagnola con il quale dovetti discutere di fatture false, minacce, estorsioni e reati di ogni genere. Ma l'opinione pubblica lo considerava quasi un "Santo" per il fatto che dava impiego a centinaia di lavoratori sul territorio. Feci appena in tempo a intervistarlo: poco dopo vidi i Carabinieri prelevarlo e portarlo via. I suoi dipendenti cercavano in tutti i modi di farmi intendere che si trattava di un errore e io non feci domande, anche perché ero un po' imbarazzato - e se per uno di questi "errori" questi qua portano via anche me e mi sbattono in carcere? E chi mi tira fuori? - Conclusi l'intervista in modo convulso, confuso e scrissi le prime cose che mi venivano in mente. Lasciai l'azienda praticamente scappando fuori più in fretta che potevo ma venni inseguito da un ragazzo giovane che volle a tutti i costi accompagnarmi all'auto, che avevo parcheggiato molto lontano. Mi disse:

- Dottore, legga i giornali. Guardi su internet. Cerchi di capire. Noi non possiamo dire altro, anche se io sono dimissionario.

C'erano anche quelli che mettevano in cassa integrazione i dipendenti e poi li facevano lavorare di notte, pagandoli in nero, ma queste sono cose che tutti sanno e fanno finta di non sapere. A tal proposito una collaboratrice mi disse:

- Non si stupisca dottore, qui ci sono tanti maschi ma pochi uomini!

Magari erano quelli che poi trascorrevano ore nelle sale Video-Lottery a giocare compulsivamente senza inspiegabile motivo, a parte la ludopatia. Ad un certo punto, infatti, mi vennero assegnate un gran numero di pratiche relative ad attività nel settore dei giochi d'azzardo. Dovetti quindi visitare queste sale da gioco per verificare l'operatività delle aziende che si occupavano di installazione e manutenzione delle macchine per il gioco d'azzardo. In quell'occasione mi spiegarono che alcuni personaggi loschi trascorrevano parecchio tempo giocando e perdendo parecchio denaro, consapevoli che le probabilità di vincita fossero a loro sfavore. Per questo c'era una spiegazione razionale: il denaro che veniva giocato talvolta poteva essere di provenienza illecita, mentre le vincite erano con denaro "pulito", con tanto di rilascio di scontrino. Era quindi uno dei modi usati per ripulire qualche introito di dubbia provenienza.

27 AUDIT DELIRANTI (STATO DELLE SETTIME)

Quel giorno dovetti alzarmi che era ancora notte e affrontare un viaggio di quasi quattrocento chilometri di cui almeno un terzo su strade statali per recarmi in un'impresa di costruzioni. Nonostante questo, riuscii ad arrivare prima dei due antipatici personaggi con i quali avrei trascorso la mia giornata: il titolare dell'impresa e la sua segretaria. Il titolare, personaggio fortemente obeso tanto che faceva fatica a passare dalle porte e tra le scrivanie ma era alto poco più di un panettone, non mi ha neanche rivolto la parola, tranne un veloce saluto iniziale peraltro con tono sgarbato. Nessuno si è preoccupato neanche di offrirmi un caffè nonostante avessi guidato per ore. La segretaria, che aveva ricevuto la delega di Rappresentante della Direzione per la Qualità poche ore prima, era più muta dei pesci nell'acquario. Capii subito che la situazione avrebbe avuto dei risvolti drammatici o comunque complicati da gestire. Iniziai chiedendo di illustrarmi il Riesame della Direzione e sottolineai il termine "illustrarmi" per evitare la solita situazione in cui mi veniva schiaffato un faldone sulla scrivania e poi venivo lasciato da solo, cosa che non accadde per il fatto che questa segretaria non sapeva neanche cosa fosse e dove eventualmente potesse essere il Riesame della Direzione. La vidi arrampicarsi sugli scaffali e tirare giù tutti i faldoni disponibili; io non feci neppure finta di aiutarla, già abbondantemente stanco e innervosito. Dopo una buona mezz'ora mi disse che finalmente aveva trovato qualcosa di compatibile con le mie richieste. Bene, dissi, allora mi spieghi tutto! Lei prese il documento, peraltro costituito da una sola pagina riempita a metà e me lo allungò sulla scrivania, girato in modo che io potessi leggerlo.

- No signora, le ho chiesto di illustrarmelo, non di allungarmelo; è diverso. Anche perché io devo scrivere un diario di audit nel quale devo documentare tutto quello che lei mi racconta, e mi riesce difficile leggere, scrivere, ascoltare e parlare contemporaneamente.

- Ah, ma io non so niente, fino a ieri mi occupavo di contabilità.

- Vede, questo non è un problema che mi riguarda. Se non è in grado di occuparsi di qualità può chiamare il titolare e farmi raccontare il Riesame da lui.

- Non credo che sia una strada percorribile, anche perché il Riesame è stato inviato via mail dal consulente, che abita in un'altra Regione e che non si fa vedere da quasi quindici anni.

- Allora faccia una cosa signora. Se non è in grado di spiegarmi cosa c'è scritto, mi legga il documento.

- Ma devo leggerlo tutto? (con voce balbettante).

- Avrei voluto dirle di leggere una riga sì e una no, che comunque forse non sarebbe cambiato molto per la comprensione del contenuto. Invece dissi:

- Signora, saranno dieci righe, non è tanto complicato. Me lo legga per favore, abbiamo già perso un'ora!

- Va bene. Allora inizio dall'inizio: "Stato delle settime".

Non ci potevo credere: la realtà avrebbe superato di molto la fantasia. Era riuscita a stupirmi come nessuno prima di lei durante un audit!

- Signora! Ma quali settime??? Ma cosa sta dicendo? VII significa Verifiche Ispettive Interne!

- Senta signora, parliamo almeno della formazione degli addetti. Possiamo vedere la documentazione dei corsi? Almeno i corsi sulla sicurezza li avranno fatti, vero?

- Guardi, noi i dipendenti li assumiamo già *ammaestrati*. E comunque prima di entrare in cantiere gli diamo una bella *infarinata* o, se possibile, li assumiamo già *infarinati*.

- Capisco. E poi in cantiere cosa fate? Un bel fritto misto?

La battuta non fu capita; la signora era fortemente in imbarazzo e chiamò il titolare che intervenne con toni furiosi.

Come finì? Beh. Visto che spesso il buongiorno si vede dal mattino, le cose non potevano che peggiorare. Scrissi sei o sette non-conformità e andai via. L'Ente decise di sottoporre l'Impresa a un audit straordinario, allo scopo di verificare la risoluzione delle non-conformità, ovviamente con spese a carico del cliente.

Dovetti quindi ritornare, facendo un altro lungo viaggio in auto.; mi accolse la solita segretaria in modo estremamente scortese e anche prendendomi in giro, visto che sapeva cosa sarebbe accaduto.

- Le dissi: ma signora, ha intenzione di partecipare ai campionati mondiali di abbronzatura o questa mattina ha scambiato il fard con la pece?

Si sentì una brusca frenata e finalmente arrivò il titolare, più burbero e scontroso che mai e mi chiese se il certificato ISO 9001 era obbligatorio.

- Se intende partecipare ad appalti pubblici oltre un certo importo a base d'asta il certificato è obbligatorio per legge.

Dopo averci pensato non più di trenta secondi mi disse di lasciar perdere e andare via. Dovetti quindi scrivere un verbale dove il cliente dichiarava di rinunciare al certificato, pur pagando le spese dell'audit straordinario! Certo che se ci avesse pensato magari il giorno prima, almeno avrebbe evitato la spesa oltre al mio viaggio.

28 AUDIT VERGOGNOSI

Tutto sommato normalmente si veniva accolti da persone comuni, qualche volta anche molto cordiali e simpatiche, ma qualche volta un po' meno, anzi, potevano capitare situazioni drammatiche. Si usava dire che l'80% dei problemi erano causati dal 20% delle aziende, intendendo dire che normalmente le cose andavano bene, ma quando iniziavano ad andare male erano problemi seri, a conferma di quanto disse la mia compagna di studi "Quando trovi la m. più la giri e più puzza".

Una volta mi venne assegnata una strana impresa di Ivrea. Dopo numerosi tentativi riuscii finalmente a parlare al telefono con il titolare ma fu impossibile pianificare l'attività. Lo strano personaggio fece uno sproloquio che non finiva mai e comunque non voleva decidere per nessuna data. L'unica cosa che riuscii a ottenere fu l'invio di una mail dove lui chiedeva un rinvio a data da destinarsi per motivi non chiari; questa mail serviva per dimostrare ai miei responsabili che io avevo cercato di fare il possibile per pianificare l'attività. Dopo qualche settimana chiamai ancora ma l'esito fu sempre lo stesso. I responsabili dell'Ente accettarono queste continue richieste di posticipo per non scontentare il cliente che aveva già avanzato l'ipotesi di chiudere i rapporti. Dopo numerosi ed estenuanti tentativi alla fine la data fu decisa.

Mi recai quindi in azienda dove mi resi subito conto che la situazione era drammatica: nessuno sapeva più niente. Riuscirono a rispondere a qualche domanda grazie all'aiuto del loro consulente venuto apposta da Roma. C'era da chiedersi come poteva un consulente di Roma essere di aiuto considerando la distanza dalla sede. Inizialmente facevo le domande e mi rispondevo da solo senza neanche ascoltare le loro risposte, che non erano mai pertinenti alle domande. La segretaria, vedendomi un po' "scollegato" mi fece una delle domande più infelici che si possano fare:

- Ma lei è timido?

La guardai di traverso e non le risposi neanche. Poi smisi di fare domande e scrissi le risposte da solo inventando tutto quello che potevo anche perché nel frattempo i personaggi si erano eclissati nell'ufficio di fianco e nessuno mi dava più retta. Era il periodo nel quale avevo iniziato a fare le domande da solo e darmi le risposte, recitando sempre la stessa commedia quotidiana ormai in silenzio; mi pagavano per prendere in giro le aziende. Poi quando mi sono accorto che mi stavo prendendo in giro da solo non mi è piaciuto più.

Mi portarono a pranzo in una squallida pizzeria sotto l'ufficio e fu l'unico momento nel quale il titolare mi parlò. Cominciò con dei discorsi deliranti nel tentativo di spiegarmi la reale motivazione di tutte le continue richieste di posticipo dell'audit. Capivo poco ma fu subito chiaro che non si trattava di indisponibilità delle persone o dei cantieri ma di altro... cominciò a parlarmi di "mugnaie" e, vista la mia perplessità si stupì anche molto per il fatto che io non mi fossi documentato riguardo alle tradizioni locali. Mi disse che suo figlio, neolaureato in ingegneria civile e che era stato presente all'audit ma senza proferire parola, aveva come moglie la "mugnaia". Secondo le usanze locali, la "mugnaia" era il personaggio più importante del carnevale di Ivrea e veniva scelta in modo misterioso con un anno di anticipo. Sulla vera identità della mugnaia si doveva mantenere una riservatezza totale e loro avevano deciso di rinchiuderla in casa per un anno in modo da sottrarla alla comunità ed evitare che i sospetti potessero cadere su lei. Non sono in grado di sapere se questo modo di agire fosse comune a tutte le mugnaie, precedenti e future, oppure se si è trattato di una eccessiva modalità attuata da questi bizzarri personaggi.

Al termine dell'audit tirai fuori la mia agenda personale e misi una X sulla pagina delle aziende che, in base al mio intuito, si sarebbero autodistrutte nel giro di poco tempo. L'anno successivo, infatti, l'Ente gli revocò il certificato per impossibilità di pianificare l'audit: chissà dopo la "mugnaia" cosa sarà successo…

Tra le imprese che si sono autodistrutte in breve tempo ne ricordo una dove ho condotto uno degli audit più disgustosi della mia carriera. Sembrava un'azienda seria all'inizio. Progettavano, costruivano e installavano serramenti e facciate di edifici. La maggior parte dei dirigenti aveva meno di venticinque anni; una situazione molto strana. Poi capii che, una di loro era la nipote del direttore, uno era il marito, uno era un amico o forse l'amante della nipote ecc.. Le dinamiche tra questi personaggi erano infatti particolarmente strane; strani sguardi, occhiolini strizzati mentre io facevo finta di guardare altrove ecc.. Un comportamento veramente fastidioso e irritante nei miei confronti con assoluta mancanza di qualsiasi forma di rispetto ed estrema ipocrisia. Il loro consulente avrà avuto almeno ottanta anni e scoprii che era stato dipendente dell'Ente circa trenta anni prima. Per la prima ora tutto andò più o meno bene, poi io chiesi di vedere la documentazione riguardante le verifiche che loro avrebbero dovuto fare presso i cantieri e scoprii che non erano mai state fatte per tutti gli anni in cui questa azienda era stata certificata. Di fronte alla mia perplessità cominciarono ad arrabbiarsi molto minacciando di chiamare il rappresentante commerciale dell'Ente. Il loro consulente minacciò addirittura di farmi licenziare se avessi proseguito con la mia (legittima) richiesta. Mi imposero di chiamare il mio responsabile, visto che la situazione rischiava di degenerare, e lui disse semplicemente di scrivere una "non conformità" grave e di proseguire con l'audit. La telefonata era in vivavoce e quindi io non potei fare altro che procedere in quei termini. Dopo questo evento la tensione arrivò a livelli insopportabili. Sia i dirigenti che il consulente iniziarono ad attaccarmi e a correggere ogni mia parola; credo che si divertissero anche alle mie spalle. Mi fecero trascorrere una giornata veramente squallida. Di sera, arrivato a casa verso le 22, ricevetti una telefonata dal rappresentante commerciale dell'Ente dicendo che era stato informato riguardo al mio "comportamento" e che, nel caso avessimo perso il cliente, avrebbe fatto in modo di farmi licenziare.

Il giorno dopo tornai in azienda per una seconda giornata infernale. Il loro consulente aveva organizzato la documentazione in modo quantomeno "vintage". Il colmo fu quando mi spiegarono che il mio collega, l'anno precedente, aveva suggerito di utilizzare un foglio di calcolo per tenere traccia di alcuni parametri riguardanti la progettazione dei serramenti. Loro mi fecero vedere il foglio di calcolo con delle tabelle vuote. La procedura prevedeva che le tabelle venissero stampate e poi le caselle venissero riempite a mano, facendo i calcoli con una calcolatrice da tavolo.

Io stentavo a credere a quello che vedevo. Dissi che il mio collega "probabilmente" aveva suggerito di usare un foglio di calcolo per fare i calcoli, non per disegnare delle tabelline con quattro caselle e stamparle senza prima avere inserito il contenuto. Loro si accanirono dicendo che io pretendevo delle cose mai viste prima e irrealizzabili. Chiamarono addirittura il responsabile dell'informatica il quale mi spiegò che effettivamente nessuno aveva frequentato un corso sui fogli di calcolo e anche per poter fare delle somme sarebbe stata richiesta una certa competenza. Poco importa il fatto che fossero tutti nati nell'era dell'informatica e fossero tutti laureati, la maggior parte in ingegneria.

Poi fu il momento della visita ad un cantiere dove stavano installando la facciata di un edificio.

-    Visto che ci tiene così tanto a vedere un cantiere l'accontentiamo subito!

Così mi resi conto che i colleghi che mi avevano preceduto, non solo non avevano eccepito sul fatto che l'azienda non avesse mai fatto verifiche ai loro cantieri, ma anche che nessun valutatore era mai andato in cantiere. Arrivammo in questo cantiere nel centro di una città dove io, dalla strada, potevo osservare sostanzialmente tutto: i documenti di cantiere mi vennero consegnati dal loro capo cantiere. Mi chiesero di entrare nel cortile dell'edificio ma io dissi che non era assolutamente necessario perché avevo acquisito tutte le informazioni anche dal punto in cui ero e oltretutto non mi avevano fornito né scarpe antinfortunistiche né elmetto. Loro andarono su tutte le furie e dissero che la verifica non veniva svolta correttamente perché io mi stavo rifiutando di entrare in cantiere nonostante la mia insistenza per farmi accompagnare in un cantiere. Oltretutto mi ero presentato sprovvisto dei dispositivi di protezione individuale e quindi stavo commettendo un reato. Il responsabile della qualità disse alla sua collega, nonché nipote del titolare e responsabile della sicurezza di chiamare immediatamente i Carabinieri per potermi denunciare:

-    Chiama subito i Carabinieri!!!!

Urlava come un dannato. Io gli dissi di chiamare pure chi voleva perché tanto ero su una strada pubblica, peraltro trafficata, e non mi pareva fosse necessaria alcuna protezione. La collega infatti stava già telefonando ai Carabinieri mentre il loro consulente stava chiamando i responsabili dell'Ente per informarli della negligenza con la quale, secondo loro, stavo conducendo la verifica. I Carabinieri rimbalzarono la responsabilità su qualcun altro e dissero che non era il caso di intervenire tantopiù che non capivano quale fosse il reato né la situazione che avrebbe richiesto un intervento urgente delle forze dell'ordine. Il consulente non invece non riuscì a parlare con nessuno dell'Ente perché nessuno rispondeva al telefono. Mi disse addirittura:

-    Scusi, ma non può chiamare lei che magari ha qualche numero riservato che io non ho?

Persino il loro capo cantiere si vergognava profondamente del comportamento dei suoi responsabili ma non sapeva come intervenire. Dopo avere compilato la parte di diario relativa al cantiere chiesi di essere riaccompagnato in sede.

Non li sopportavo più. Decisi di concludere l'incubo e quindi dissi che avrei scritto il rapporto di verifica, che ovviamente era positivo, a parte la "non conformità" che il mio responsabile mi aveva imposto di scrivere, e che io avrei anche evitato di scrivere se loro non avessero preteso che lo chiamassi. Visto le minacce ricevute la sera prima al telefono, sarei andato via senza lasciare alcun alone di negatività nei documenti. Avevo quindi fatto tutto quello che potevo per imboscare completamente la loro inettitudine. Loro però non erano comunque soddisfatti e decisero di farmi avere un confronto sgradevole con il temutissimo direttore generale, che non si era mai visto prima di allora e che probabilmente usciva dalla "tana" solo per le situazioni serie. Nel frattempo io avevo scritto il rapporto di audit mentre loro, a turno, passavano sfacciatamente alle mie spalle per vedere cosa stessi scrivendo sul diario di audit e sugli altri documenti richiesti dall'Ente, incuranti del fastidio che potevano provocarmi. Feci finta di niente, deciso a concludere la situazione nel modo più rapido possibile nella speranza di non rivederli mai più. Al termine, il loro consulente, nel ricordare che poi avrebbe telefonato a chi di dovere per lamentarsi del mio assurdo comportamento e delle pretese infondate, mi diede una pendrive e mi disse di copiare i documenti in modo che poi li avrebbe fatti stampare. Arrivò il direttore generale: un personaggio dall'aspetto ottocentesco, inquietante, alto un paio di metri, con i baffi a manubrio e gli occhi rossi assatanati: mi guardava dall'alto in basso evitando addirittura di sedersi. Mi disse che aveva avuto notizie riguardo al fatto che io avevo creato problemi. Si creò il gelo. Guardai gli altri che avevano lo sguardo terrorizzato; non riuscivano più neanche a respirare. La nipote si accasciò sulla sedia quasi svenuta e iniziò a piangere. Il consulente rientrò in sala riunioni in quel momento con le fotocopie dei documenti notando la situazione di totale imbarazzo generale. Anch'io non capivo bene il motivo di questa reazione esagerata ma poi guardai sullo schermo del mio computer e capii. Quando avevo collegato la pendrive del consulente ottantenne, il sistema aveva automaticamente aperto uno dei file presenti e stava riproducendo un film a luci rosse, anzi, rossissime: una mega orgia. Alle mie spalle era presente una vetrata sulla quale il film veniva riflesso e quindi tutti lo videro. In un ambiente di baciapile come quello, qualche svenimento era il minimo che potesse accadere. Il consulente porcone fece finta di niente rimanendo impassibile e facendo credere a tutti che fosse colpa mia. Strappai immediatamente la pendrive e la buttai sul tavolo interrompendo la patetica situazione. Il direttore generale rimase talmente allibito che disse agli altri semplicemente di accompagnarmi alla porta; nessuno mi strinse la mano. Cambiarono Ente di certificazione il giorno successivo; poi ebbi la soddisfazione di sapere che anche questa impresa si era autodistrutta nel giro di qualche mese.

29 A STANDARD WORKING WEEK (WITH NEON AND BONES)

Monday. Audit a Como in un'azienda che installa impianti elettrici. Una cosa di routine. Arrivai in città con larghissimo anticipo temendo di avere qualche problema di parcheggio, invece trovai un posto libero proprio nella stessa strada dove credevo che avrebbe avuto sede l'azienda: Via Borgo Vico. Mancavano due ore all'audit ed era ancora buio quindi decisi di riposarmi un po' in auto e mi addormentai, avendo preventivamente impostato la sveglia dello smartphone alle 8:45. Quando la sveglia suonò uscii dall'auto con la mia pesantissima borsa contenente una montagna di carta, il PC, una camicia di ricambio di colore neutro e altri oggetti che sarebbero sembrati superflui per una persona normale ma che l'esperienza mi ha convinto essere indispensabili ad un valutatore. Cercai il numero civico dell'azienda e con estremo sconcerto notai che non c'era! Caddi nel panico! Più che altro ero molto arrabbiato e mi sentivo un idiota perché credevo di essere arrivato con due ore di anticipo, invece forse avevo sbagliato città; magari questi non erano a Como ma in un paese della Provincia, o forse in un'altra Provincia e io avevo trascorso due ore dormendo di auto nel centro di Como. Tirai fuori tutta la carta dalla borsa buttando sul marciapiedi tutto quello che usciva fino a che trovai la stampa con l'indirizzo della sede: non c'erano dubbi; era giusto. Allora telefonai: rispose il consulente che mi disse.

- Tutti quelli che l'anno preceduta sono riusciti ad arrivare e lei no.

Se c'è una cosa da non dire a uno che si è perso è proprio una frase infelice di questo tipo.

- Senta, a parte questo, mi può spiegare dove siete?

- A Como, in Via Borgo Vico, come è scritto su tutti i rapporti di audit che hanno scritto i suoi predecessori che non si sono persi per strada.

Decisi di non replicare come avrei voluto, cioè con qualche insulto. Invece, considerando che ormai ero in ritardo, entrai in un bar per fare colazione e per chiedere se qualcuno fosse in grado di spiegarmi dove si trovava il numero civico che io non riuscivo a trovare ma che evidentemente tutti avevano trovato prima di me. Senza alcuna esitazione mi dissero.

- E' in Borgo Vico!

- Ma come sarebbe a dire? Non è questa la Via Borgo Vico?

- Sì, certo. Ma questo numero civico è nell'altra Via Borgo Vico.

Non ci potevo credere. A Como ci sono due strade con lo stesso nome! Andò anche peggio a una collega che, con un *Tuttocittà* di alcuni decenni prima, non riusciva a trovare una strada a Milano e, sempre in un bar, le spiegarono che la strada era stata traslocata parecchi anni prima e ora si trovava da un'altra parte della città. Quindi non solo i residenti possono traslocare ma anche le strade.

In azienda mi dissero subito, gentilmente.

- Non è mai successa una cosa simile!

Vano fu ogni mio tentativo di giustificazione. Il cantiere era in Svizzera, in un paese in Canton Ticino. Durante il viaggio si resero conto che si erano dimenticati di avvisarmi del problema con le due vie con lo stesso nome; per scusarsi mi offrirono un caffè in un'area di sosta in autostrada pagandolo una fortuna. Arrivammo quindi nell'azienda dove stavano installando l'impianto elettrico, si trattava sostanzialmente dell'ampliamento di una fabbrica che produceva protesi umane stampate in 3D. L'impianto elettrico doveva quindi alimentare questi nuovi macchinari che stampavano ossa umane; la stanza era effettivamente piena di prototipi inquietanti.

I problemi con le strade comunque non erano una novità. Mi era già capitato di andare a visitare un'azienda dove ero stato anche l'anno precedente, in una strada di Milano particolarmente lunga. L'anno precedente non avevo avuto nessun problema; avevo guardato sullo stradario e ci ero andato senza usare neanche il navigatore, considerando che era una zona che conoscevo. Quella volta invece, arrivando da molto lontano, decisi di usare il navigatore e, arrivato nella via tutto mi sembrava diverso dal solito; soprattutto non c'era l'azienda. Impostai di nuovo il navigatore che mi fece fare un tragitto lunghissimo e molto lontano dal luogo dove credevo che avrei dovuto andare. Telefonai in azienda per chiedere informazioni e purtroppo mi rispose una persona che non abitava a Milano e si recava sul luogo di lavoro utilizzando i mezzi pubblici e non riusciva a capire quale fosse il problema. Io capivo ancora meno. Impostai nuovamente il navigatore verso una strada vicina, visto che la strada dell'azienda mandava in crisi il software. Niente da fare. Il navigatore mi faceva fare giri tortuosi e non riuscivo a raggiungere il numero civico 40, sede dell'azienda. Altra telefonata con richiesta disperata di aiuto. Finalmente mi rispose una persona che usava l'auto e capì immediatamente il problema: a causa di importanti lavori sulla viabilità, la strada era stata spezzata in due tronconi e io mi trovavo dal lato sbagliato. Per raggiungere il lato giusto dovetti guidare per mezz'ora nel traffico che ormai si era fatto particolarmente intenso.

L'audit fu particolarmente interessante. Mi condussero subito nei reparti produttivi dove una stampante, accesa probabilmente ventiquattro ore su ventiquattro, stava stampando dei fogli che poi venivano imbustati automaticamente in buste di colore verde chirurgo.

- Sono le multe che vengono emesse dal Comune e che ci pervengono attraverso flusso telematico.

Poi mi fecero vedere il reparto che produceva i biglietti per cinema, concerti, mostre ecc. stampando in quadricromia.

- Qui il processo è un po' più problematico e si verificano parecchie non-conformità, ma non di carattere tecnico… Vede, ciascun biglietto è composto da una matrice con un codice a barre che viene prodotto dall'ufficio tecnico del cliente, la parte grafica che viene inviata dallo studio che si occupa della grafica, su richiesta del cliente, e dal retro del biglietto dove normalmente viene riportata la pubblicità e che riceviamo dall'agenzia di pubblicità incaricata dal cliente. Eventualmente ci possono essere anche dei loghi inviati da un altro ufficio. Qualcuno chiede il biglietto su carta riciclata, qualcuno lo vuole su carta patinata, qualcuno su carta filigranata. Eventualmente possono pervenire anche più richieste diverse, e soggette a continue variazioni, dai vari uffici. Quindi è assolutamente improbabile che si riesca a produrre dei biglietti conformi: è più la carta che buttiamo che quella che forniamo al cliente.

L'anno successivo non mi venne più assegnata questa azienda: era stata chiusa per fallimento.

Anche in Provincia di Venezia non si scherza in fatto di toponomastica: esiste anche un paese dove ci sono più vie con lo stesso nome, Via dell'Artigianato è una di queste, e si tratta di due strade lontanissime tra di loro. Mi hanno spiegato che con la realizzazione di una nuova lottizzazione destinata a zona produttiva, sono state replicate le stesse vie della vecchia zona; nessuno si è posto il problema della confusione che si poteva creare. In quel caso, viste le numerose telefonate che ho dovuto fare in azienda, il loro consulente, titolare della Arturo Consulting, si era inferocito e mi aveva urlato la stessa frase di sempre:

- Nessuno si è mai perso prima di lei!

Una volta chiarito l'equivoco, in azienda, il consulente si è scusato e al termine dell'audit, mi ha gentilmente offerto una cena sulle colline in Provincia di Vicenza, a 70 km dall'azienda. Durante il viaggio si era fatto buio e il consulente ha tentato di attraversare un passaggio a livello mentre le sbarre si stavano abbassando: l'operazione non è riuscita e quindi si è bloccato con l'auto sui binari retrocedendo il più possibile fino ad appoggiarsi alla barriera che avevamo alle spalle. Era buio e c'era nebbia fitta e sul binario è sfrecciato un Freccia Bianca, probabilmente a 200 km/h, che ha sfiorato il muso dell'auto: è stato solo per un miracolo che non siamo stati trascinati finendo disintegrati e polverizzati nella stratosfera. Fortunatamente con la figlia del titolare le cose andarono molto meglio: stanca della ISO 9001 aveva persino deciso di cambiare completamente lavoro e mettersi a fare la nutrizionista. Mi annunciò questa decisione drastica un giorno durante un noiosissimo audit in un'azienda; audit che lei decise di interrompere dicendomi che sarebbe stato meglio andare in cantiere. In realtà mi portò in una pasticceria dove lei ordinò una coppa di gelato talmente grande che non riuscivo a capire né come avesse fatto a ingoiare così tanta roba né dove avessero trovato una coppa di vetro talmente grande che fu necessario usare un carrello per trasportarla!

- Sai, io faccio la nutrizionista ma le porcherie le faccio mangiare agli altri!

Tuesday. Audit tranquillo in una fabbrica di mobili di design che ricordavano l'arredamento giù visto in un film: Arancia Meccanica. Le uniche cose che si discostavano parzialmente dallo stile erano delle poltrone con braccioli in legno curvati in modo particolarmente originale. Mi spiegarono che il legno si può curvare con il vapore, con l'ammoniaca o con il sistema che avevano inventato loro: scariche elettriche. Purtroppo non fu possibile vedere il processo; sarebbe stato interessante. Fortunatamente avrei visto qualcosa di originale il giorno dopo.

Wednesday. Audit in un'azienda in provincia di Treviso che produceva insegne luminose. Non mi ero mai chiesto come si producessero le insegne luminose e non sapevo quale incredibile tecnologia potesse richiedere questo processo. Oltre alle insegne di tipo moderno, l'azienda era specializzata in un tipo di insegne al neon molto di moda quando io ero uno studente delle scuole elementari: quelle scritte colorate, spesso rosa fucsia, verde pistacchio ecc. con i caratteri in corsivo. Il processo di fabbricazione era molto particolare e richiedeva un'abilità incredibile; l'unico operaio in grado di produrle arrivava infatti direttamente dall'isola di Murano. Si trattava di prendere un tubo al neon e di scaldarlo con un cannello; durante questa operazione era anche necessario soffiare in un tubo, collegato preventivamente ad una delle aperture del neon, per evitare che con il calore il neon stesso si chiudesse precludendone il funzionamento. Una volta scaldato il tubo, lo stesso veniva appoggiato ad una dima che riproponeva i caratteri della scritta da realizzare e veniva piegato un po' per volta. Il tubo veniva nuovamente scaldato e piegato ripetutamente fino a realizzare tutta la scritta. L'operazione era lunghissima e richiedeva un'abilità notevole che poche persone possedevano: la prossima volta che guarderò l'insegna di un negozio la guarderà con occhi diversi.

Thursday. Audit in un'azienda che realizzava impianti di automazione in un sito industriale. Si trattava di un'azienda con un solo cliente: una nota azienda del settore *automotive* di Torino. Mi vennero a prelevare alla stazione Porta Susa con una Porsche Cayenne bianca con sedili in pelle color panna che emanavano un odore un po' sintetico sotto il sole di luglio. Andammo in azienda e mi proposero subito di visitare il sito dove era in corso un'installazione. Salimmo quindi nuovamente sulla Posche Cayenne e andammo verso il sito. A cento metri dalla destinazione mi dissero che avremmo dovuto trasbordare su un'altra auto per motivi politici e di immagine aziendale. Quindi mi fecero salire su una bagnarola blu puzzolente con le portiere che si chiudevano facendo *sdeng* invece di *cloc*. Mi dissero che nel sito non era ammesso l'ingresso con auto di case automobilistiche diverse da quella dell'azienda. All'interno, uno degli addetti sbucò con una tuta blu e la faccia con delle striature di grasso nero.

- Buongiorno, sono l'ispettore della qualità.

- Ma guardi che ci siamo già presentati prima; sono il fratello del titolare.

Non l'avevo neanche riconosciuto. Mi dissero che era necessario dare l'impressione di essere *sul pezzo*: l'abito fa sempre il monaco.

- Non si preoccupi, dissi. Pensi che io ho nella valigia un abito con doppio petto blu con bottoni in oro, una T-shirt *Boxeur De Rues*, e persino dei tatuaggi finti da applicare durante le visite a quei clienti cha hanno più tatuaggi in corpo che neuroni funzionanti in testa, cosa che purtroppo capitava sempre più frequentemente. Sa, come disse il Dottor Paggi a uno dei corsi di formazione che ci hanno fatto frequentare, bisogna sempre entrare in sintonia con il cliente, quindi mi adeguo.

Una volta terminato l'audit uscimmo e, percorsi i soliti cento metri sull'utilitaria, mi fecero trasbordare nuovamente sulla Porsche... Ritornammo in ufficio dove, mentre io scrivevo un falso rapporto di audit, l'addetto si docciava e si rivestiva. Comparve profumato e con un abito dello stesso colore dei sedili della Porsche, come se dovesse sposarsi. Decisi quindi che per quel giorno avevamo recitato tutti abbastanza e quindi mi feci accompagnare in stazione, ovviamente con la Porsche. Non li rividi mai più. Peccato, nella loro originalità erano simpaticissimi.

Friday. Finalmente una cosa diversa dal solito: un'azienda che aveva deciso di anticipare i tempi e transitare alla nuova edizione della norma, la UNI EN ISO 9001:2015. La nuova edizione, oltre ad avere ridistribuito i requisiti in modo quantomeno originale, introduceva l'argomento dell'analisi dei rischi, intesi a trecentosessanta gradi. Quindi l'azienda, con l'aiuto della loro simpatica e originale consulente, aveva stilato un lungo elenco di potenziali rischi e di azioni per mitigare i rischi stessi. La consulente era talmente originale che aveva deciso di abbandonare la vita in città e di trasferirsi in alta montagna in una zona priva di strade, di elettricità e di acqua potabile. Aveva quindi scritto tutto su dei fogli di carta vergando i documenti probabilmente con l'utilizzo di una penna d'oca strappata direttamente dalle oche del suo pollaio, a giudicare dalla grafia. Tra i rischi aveva contemplato anche il rischio tsunami. Le feci notare che in Provincia di Cuneo era un evento quantomeno improbabile ma lei mi disse che aveva ritenuto opportuno cautelarsi contro ogni possibile eventualità benché remota. Io le chiesi quali misure avesse deciso di intraprendere per fronteggiare il rischio tsunami e lei mi disse che l'azienda aveva deciso di effettuare un salvataggio dei dati in formato elettronico presso un luogo sicuro in un'altra Regione. A me sembrava che un backup dei dati all'esterno fosse una prassi ormai comune e indipendente da eventuali tsunami ma non dissi niente, anche perché tutti gli altri rischi elencati non erano meno singolari.

A proposito di analisi dei rischi, qualche tempo dopo mi sarebbe capitato anche di peggio infatti: mi trovavo presso un'altra azienda installatrice di impianti elettrici industriali. L'azienda aveva due soci, entrambi ultraottantenni. Uno particolarmente devoto che aveva rivestito tutte le pareti degli uffici con immagini della Madonna. L'altro invece non faceva altro che bestemmiare ma che, a parte questo dettaglio, era anche particolarmente simpatico. Mi dissero che avevano contemplato un solo rischio. Quello di avere troppo clienti pubblici e pochi privati. Chiesi in cosa consistesse il rischio perché non mi era chiaro. Il tipo che bestemmiava mi disse:

- (bestemmia) Il rischio è che con troppi clienti pubblici non posso lavorare in nero! (bestemmia).

30 LA SODDISFAZIONE DEL CLIENTE ECC...

Ah! che soddisfazione questi clienti!

Uno dei requisiti più importanti ma anche più ignorati sia dalle organizzazioni che dai consulenti e persino dai valutatori, riguarda la "soddisfazione del cliente"; la norma richiede che venga rilevato il grado di percezione del cliente relativamente al prodotto o servizio acquistato.

Questo requisito è particolarmente indicato per spiegare perché anche un sistema di gestione per la qualità apparentemente ben progettato e ben gestito possa rivelare tutta la sua inutilità (è da notare che si è scritto "apparentemente" perché se fosse progettato e gestito veramente bene le cose andrebbero diversamente).

Sembra inoltre incredibile che gran parte delle organizzazioni focalizzino quasi tutta la loro attenzione su aspetti legati alla produzione e al profitto, disinteressandosi quasi completamente di quello che pensano i clienti; qualcuno non si preoccupa neppure che i prodotti possano servire a qualcosa e a qualcuno (ad esempio il progetto del Bobbynet già descritto).

A parte le situazioni drammatiche, che peraltro hanno comportato la sparizione di un gran numero di aziende dal pianeta, il requisito è visto quasi sempre come un inutile fardello, ignorandone l'importanza. Chi meglio di un utilizzatore è in grado di dire se un prodotto o servizio rispetta le aspettative o quantomeno come possa essere migliorato?

La situazione più comune è che il valutatore chieda come viene applicato il requisito e che si senta rispondere:

- Mah... guardi... noi inviamo i questionari ai clienti al termine di ogni commessa per chiedere "se sono soddisfatti" ma nessuno risponde. Abbiamo provato anche a minacciarli ma... niente da fare. Allora proviamo a sollecitare per telefono per riuscire ad avere almeno un paio di questionari all'anno. Più di così proprio non riusciamo a fare. Poi una volta ottenuti almeno due questionari compilati facciamo delle statistiche. Risultato: puntualità 100%, professionalità 100%, competenza 100%, capacità di rispondere alle aspettative 100%.

Il valutatore a questo punto dice: bene, bravi! E cambia argomento. Qualcuno dice:

- Eh sì lo sappiamo, è difficile ottenere risposte. Beh, fate quello che potete.

E poi comunque si cambia argomento.

Comunque il risultato è sempre lo stesso; al massimo ci si deve accontentare di vedere due pezzi di carta compilati male; addirittura mi è capitato di vedere dei questionari pervenuti via fax dove in alto al foglio si vedeva una scritta dalla quale si capiva che i documenti erano stati inviati da un numero di fax interno all'azienda: quindi erano dei questionari inventati; erano i primi tempi, quando i valutatori dicevano che il campione doveva essere numericamente significativo in rapporto al numero di commesse o di clienti (quindi le aziende che non ricevevano un numero sufficiente di questionari talvolta li inventavano e se li auto-inviavano): ho fatto finta di niente per non metterli in imbarazzo e ho pensato che loro si erano illusi di prendermi in giro ma non si erano resi conto che si stavano prendendo in giro da soli. Poi qualche valutatore ha suggerito di effettuare delle interviste telefoniche: peggio ancora! Inventare le risposte era diventato quindi facilissimo; bastava mettere le crocette sulla colonna dove si diceva che andava sempre tutto meravigliosamente! Poi si facevano anche dei diagrammi molto appariscenti che venivano spesso proiettati con una lavagna luminosa in una sala riunioni con luci soffuse o spente, spesso dopo avere pranzato in modo tale che l'abbiocco rendeva improponibile qualsiasi obiezione anche se con il rischio di sentire il valutatore russare fragorosamente o cadere dalla sedia, come è successo a qualche mio collega.

Io ho sempre cercato di andare a fondo della questione anche nell'interesse delle aziende, alle quali tentavo invano di spiegare l'importanza del requisito.

-   Se i clienti non rispondono ai questionari forse è perché non sono invogliati a farlo o perché il questionario che ricevono è completamente inadatto allo scopo oppure viene inviato alla persona sbagliata.

Quello che poteva accadere è che il questionario veniva proposto dal consulente per la qualità, il quale veniva pagato poco in relazione all'impegno che sarebbe stato richiesto e quindi replicava un questionario già prodotto per un'altra azienda o magari scaricato dalla rete e progettato per un contesto completamente diverso. Poi veniva inviato alle aziende clienti ma indirizzato quasi sempre agli interlocutori sbagliati, per completare l'inadeguatezza del metodo (niente di peggio che inviare un questionario di carattere tecnico al responsabile dell'amministrazione).

Mi è anche capitato di noleggiare un'auto da una nota compagnia di noleggio, ovviamente certificata, in un ufficio situato nel centro storico di una grossa città dove ero arrivato in treno. Alla fine della settimana, un venerdì mattina, ho concluso un audit e ho tentato di restituire l'auto per prendere il treno con il quale sarei tornato in ufficio. Il traffico era intenso e sono riuscito a raggiungere l'ufficio alle 12:25; mi sono precipitato all'interno e mi sono sentito dire:

-   Guardi che stiamo chiudendo, torni alle 14:30!

Non hanno voluto sentire ragioni. Ho dovuto aspettare due ore e dal momento che c'era il divieto di sosta in tutto il centro, ho dovuto trasferirmi in periferia, aspettare in auto senza pranzare dopo avere ovviamente perso il treno, per ritornare in centro alle 14:30 e restituire l'auto. La riconsegna dell'auto ha richiesto non più di tre minuti; oltretutto in ufficio erano presenti tre persone che hanno chiuso l'ufficio per due ore e non si capisce per quale ragione non avessero potuto alternarsi nella pausa pranzo.

Una volta tornato in ufficio, ormai in tarda serata, ho ricevuto un questionario via e-mail: il famoso questionario per la rilevazione della soddisfazione del cliente. Nel questionario mi veniva chiesto se: 1) l'auto era pulita; 2) il personale era stato gentile; … altre domande a dir poco prive di significato.

Nel questionario non era prevista neppure la possibilità di scrivere qualcosa e quindi di esprimere i motivi della mia insoddisfazione.

Ho cestinato immediatamente il questionario e da quel momento ho cambiato compagnia di noleggio auto. Nel testo delle mail che da quel giorno ho inviato all'ufficio viaggi ho riportato sempre la frase "TASSATIVAMENTE NON NOLEGGIARE CON xxx".

Immagino che a fronte di un audit abbiano illustrato al valutatore il sistema di invio automatico dei questionari a tutti i clienti e la loro apparente delusione per le poche risposte ricevute. Il valutatore li avrà

84

anche consolati dicendo che è una cosa molto comune che i clienti non rispondano. E quindi, al solito, si è trovato il modo di non applicare neppure questo importante requisito.

Il requisito è stato talmente bistrattato, ignorato e stravolto fino al punto che in un'Azienda avevano addirittura capito che loro avrebbero dovuto valutare quanto fossero soddisfatti dei loro clienti; non quanto i clienti fossero soddisfatti dei servizi da loro erogati.

Ma c'è anche di peggio. Anche i requisiti che apparentemente possono sembrare più vincolanti possono essere ignorati con la compiacenza di tutti. Un clamoroso caso di smutandamento del sistema è avvenuto quando le Amministrazioni Comunali hanno iniziato a certificarsi. Tra le attività svolte c'era anche l'applicazione delle sanzioni per superamento dei limiti di velocità degli autoveicoli. L'attività prevedeva evidentemente l'uso di strumenti di misura, per la rilevazione della velocità, che avrebbero dovuto essere tarati. La taratura è un'attività che prevede ovviamente un costo ed inoltre lo strumento deve essere inviato in un laboratorio di taratura che potrebbe trattenerlo per qualche giorno. Nonostante i fortissimi introiti generati dall'attività, c'è sempre stata poca propensione a sostenere i costi per far tarare gli strumenti. Quindi si è trovata un'*escamotage*; quella di sostituire l'attività di taratura con l'applicazione di una tolleranza, spesso nella misura di 5km/h, ritenendo che uno strumento sofisticato per quanto non tarato non possa mai commettere un errore superiore a questo valore. Un po' come scambiare le mele con le pere dal punto di vista tecnico; comunque si tratta sempre di frutta e a qualcuno andava bene così. Anche per questo requisito si è trovato quindi il modo di evitare l'applicazione. Naturalmente questo vale per i clienti di un certo peso e non per i piccoli artigiani ai quali spesso si chiede di tarare anche i flessometri: insomma... forti con i deboli e deboli con i forti.

Tornando alla soddisfazione di questi poveri clienti, mi sono trovato a condurre un audit in un'agenzia immobiliare. Uno degli indicatori per la misurazione dei processi, utilizzato per dimostrare alla casa madre quanto si fosse bravi, era il numero di appuntamenti organizzati con i clienti ogni mese. Il numero era estremamente alto e il responsabile per la qualità sembrava molto soddisfatto; probabilmente avrà avuto anche un incentivo sulla retribuzione per merito di questo indicatore. Poi sono entrato nel merito dei singoli appuntamenti e ho chiesto:

- Ma come mai questo cliente stava cercando di acquistare una villa con giardino e gli avete fissato un appuntamento per visionare un appartamento al secondo piano di una casa popolare?

- Beh, vede... è molto difficile vendere questo genere di appartamenti in pessime condizioni e talvolta i clienti sperano di poter acquistare delle ville ma non si rendono conto che il loro budget non glielo consente e quindi, per ampliare il panorama delle loro conoscenze del mercato immobiliare, gli facciamo vedere un po' di tutto.

- Capisco, allora vediamo cosa avete proposto successivamente a questo signor,... come si chiama,... Bianchi. Ecco, vediamo tutti gli appuntamenti e così vediamo cosa ha acquistato.

- Ma guardi che i suoi colleghi non hanno mai fatto domande di questo genere; non possiamo cambiare cliente?

- No. L'audit lo conduco io e vedo quello che ritengo più opportuno, quindi vediamo tutti gli appuntamenti del signor Bianchi.

Mi fecero aspettare almeno un'ora ma alla fine, vedendo che non demordevo, arrivò una segretaria scocciatissima con in mano un pacco di cartellette; le scaraventò sul tavolo e disse:

- Guardi lei perché io ho da fare.

Quindi vidi che al signor Bianchi erano stati fatti vedere altri appartamenti in edifici fatiscenti, case di ringhiera, terreni senza edificazioni, altri edifici sostanzialmente impossibili da abitare ecc..

Alla fine richiamai il responsabile della qualità e chiesi spiegazioni. La spiegazione fu chiarissima:

- Vede, … il fatto di avere stabilito come indicatore per la misurazione del processo di vendita il numero di appuntamenti fissati, significa che dobbiamo fissare il maggior numero di appuntamenti possibili; è quindi irrilevante il fatto che il signor Bianchi stia cercando una villa con quindicimila metri quadri di terreno o un bilocale fatiscente. Quando esprime i suoi requisiti non lo stiamo neanche ad ascoltare: gli fissiamo un appuntamento e lo portiamo nel primo immobile in vendita che abbiamo. Talvolta qualche cliente si arrabbia, a volte anche moltissimo; ad un certo punto quindi, quando ci accorgiamo di avere raggiunto il limite e rischiamo magari di prendere qualche ceffone, lo mettiamo nella black list e non gli fissiamo più nessun appuntamento.

Questo è il concetto di soddisfazione dei clienti che hanno alcune aziende. Normalmente un valutatore non ha il tempo materiale e le energie per andare a sindacare sull'utilità degli indicatori per la misurazione dei processi, sul criterio adottato per la rilevazione della soddisfazione dei clienti ecc.. Siccome il cliente paga, una certificazione non si nega a nessuno.

31 TIME WARP

Mi trovavo in un paese che è opportuno non nominare, vicino alle Alpi, in un luogo notoriamente freddo nella stagione invernale; era la settimana prima di Natale e mi avevano spedito lì per un audit ad uno studio di commercialisti; persone noiosissime e particolarmente inospitali. L'audit è durato ininterrottamente dalle 9 alle 17 senza neanche una pausa per un caffè. Il titolare dello studio, oltre che indisponente, era anche logorroico; probabilmente dal momento che sapeva che io gli avrei fatto "perdere" una giornata distogliendolo da cose più interessanti, lui deve avere deciso di rovinare la giornata a me torturandomi senza tregua. Alle 17 finalmente sono riuscito ad abbandonare lo studio nella speranza di non rivederlo mai più. Forse per lo stato di nervosismo o per la lunga camminata che avevo dovuto fare per raggiungere l'auto, che non avevo potuto parcheggiare all'interno del centro storico del paese, sono arrivato molto accaldato. Ho aperto il baule dell'auto che avevo noleggiato il giorno precedente, un'utilitaria piccolissima di cui è preferibile non fornire altri particolari per ragioni che vedremo nel seguito, ho buttato dentro la borsa, il giaccone che mi ero tolto e anche la giacca, rimanendo solo con una camicia. Ho chiuso il portellone e, proprio in quel momento, mi sono reso conto che avevo lasciato le chiavi dell'auto in una delle tasche del giaccone; il portellone non era apribile senza chiave, come tutte le portiere. Tralasciando le imprecazioni, i porconamenti e le maledizioni proferite nei confronti dei progettisti di questa bagnarola, ho fermato un passante per chiedergli se potesse prestarmi qualche oggetto contundente per rompere un vetro; lui si è molto scandalizzato per questa mia iniziativa e mi ha anche fatto notare che eravamo proprio sul confine con la Caserma dei Carabinieri, e c'erano telecamere ad ogni angolo. Mi ha invece proposto di entrare nella caserma e raccontare cosa mi era successo. E così siamo entrati entrambi; io senza documenti e in compagnia di uno sconosciuto che poteva teoricamente anche essere un delinquente. Ormai lui era curioso di sapere come sarebbe andata a finire e quindi non mi mollava. Il Maresciallo decise di chiamare degli scassinatori di cui aveva i numeri memorizzati sul cellulare; l'elenco di questi professionisti era particolarmente lungo ma, a quanto pare, erano tutti impegnati, visto che non rispondevano al telefono. Dopo numerosi tentativi finalmente uno ha risposto ma ci ha informati che non sarebbe stato disponibile prima di alcune ore. E così io e lo sconosciuto, che nel frattempo si era presentato come "Salvino", dovemmo attendere all'aperto in una gelida giornata di dicembre, al buio e io in maniche di camicia. Il freddo era paralizzante e Salvino cominciò a raccontarmi le principali vicissitudini del paese; mi disse anche che conosceva il precedente Maresciallo, che era andato in pensione recentemente e la cui moglie era stata ferocemente assassinata alcuni anni prima; lui mi disse addirittura di sapere chi era stato e io gli dissi che, benché non conoscessi nessuno e non fossi mai stato in quel paese, avrei preferito non sapere niente. Ma lui disse di essere anziano e quindi qualcuno doveva pur ereditare queste informazioni. Mi disse che il Maresciallo aveva scoperto che la moglie lo tradiva, quindi l'ha uccisa ed è riuscito a non farsi scoprire; da quel giorno il suo sguardo è cambiato. Era spento e triste ed è rimasto così fino al giorno in cui è andato in pensione, parecchi anni dopo. Mi disse di non dimenticare il suo nome:

- Salvino, basta che lei si ricordi "sale" e "vino". Semplice.

Io avevo freddo; molto freddo. Finalmente dopo alcune ore arrivò lo scassinatore, con gli strumenti adatti. Preventivamente aveva chiesto marca e modello dell'auto, oltre all'anno di costruzione. Aveva dei cunei di legno che infilò dietro al bordo del vetro della porta anteriore lato conducente. Con un martello infilò i cunei fino a creare uno spazio di un paio di centimetri. A questo punto prese uno strano oggetto metallico curvilineo, sagomato perfettamente per agganciarsi alla maniglia interna dell'auto e la fece scattare aprendo la portiera.

- Quanto le devo?

- Venti Euro.

Pagai in contanti e senza chiedere la ricevuta, viste le circostanze. Non seppi più niente di lui né di Salvino.

Si era fatto tardi e io avevo prenotato un pernottamento in un agriturismo alla periferia di una frazione di questo paese; praticamente in un bosco. Il navigatore mi fece perdere altro tempo; alla fine ci arrivai da solo avventurandomi in un dedalo di strade sterrate che parevano terminare in una radura. All'indirizzo previsto c'era un edificio con le luci spente e nessuno rispondeva al citofono. Appena più avanti c'era un'altra struttura con un'insegna che mi fece intuire che si trattava della stessa proprietà. Suonai alla porta ma nessuno rispondeva però all'interno c'erano tutte le luci accese e si intuiva che fosse pieno di gente. Quindi entrai e mi sembrò subito di essere sul set di un film. Un gruppo di giovani alquanto scatenati stavano riproponendo una festa nello stesso stile del Rochy Horror Picture Show; più precisamente stavano ballando sui tavoli, dove c'erano anche piatti, posate, bottiglie ecc.; ero arrivato nel momento in cui stavano cantando "Just a jump to the left" (Time Warp)[16]. Erano tutti vestiti in modo particolare, con occhialini rotondi di vari colori. Non vedevo nessuno sobrio quindi alla fine presi per il braccio una tipa stravagante a caso e le chiesi chi fosse il gestore di quel posto, lei mi trascinò saltando a sinistra e a destra (just a jump to the left / just a jump to the right) fino alle cucine dove un tipo altrettanto stravagante stava spadellando mentre cantava a squarciagola; gli spiegai chi fossi e quindi mi disse di mangiare tutto quello che volevo, servendomi da solo perché tanto sui tavoli c'era di tutto.

- Lei è proprio fortunato, è arrivato nel giorno di una delle nostre feste migliori.

- Certo, ma io non sono Brad e neppure Janet!

Gli chiesi se potesse spiegarmi almeno dove fosse la camera che avevo prenotato:

- I remember doing the Time Warp, Drinking those moments when the blackness would hit me; And the void would be calling, Let's do the Time Warp again

- Scusi… non per disturbare ulteriormente ma… gli alloggi sono nella struttura che ho visto a destra?

- It's just a jump to the left

- Ah, sinistra?

- And then a step to the right

- Destra?

- With your hands on your hips.

Per prendere del cibo avrei dovuto infilare le mani in mezzo alle gambe di quelli che ballavano sui tavoli rischiando l'effetto "tagliola". Fortunatamente era rimasto un tavolino con del cibo intonso e riuscii a mangiare qualcosa; poi il tipo stravagante mi consegnò le chiavi della struttura che avevo visto arrivando e quindi andai a dormire, finalmente. Il mattino dopo lasciai quell'alloggio triste, freddo, umido e malsano e andai a fare colazione nell'edificio ristorante dove c'erano ancora i resti degli eventi del giorno prima: tavoli ribaltati, tovaglie e sedie sparse ovunque, fortunatamente non c'era più nessuna traccia dei personaggi bizzarri; sembrava tuttavia che ci fosse stata una guerra nucleare. Con molta fatica riuscii a trovare lo strano personaggio che gestiva questa struttura che non ricordava neanche chi fossi e perché avessi dormito lì, tantopiù che si era dimenticato di accendere il riscaldamento; in effetti mi pareva che fosse un po' freddo e che ci fosse muffa ovunque. Riuscii a malapena a farmi un caffè e dopo avere saldato il conto andai via mentre lui urlava:

---

[16] It's astounding / time is fleeting / madness takes its toll / but listen closely … ecc.

- La prossima volta che decide di fare un'altra bravata come quella di ieri sera di intrufolarsi nelle feste private almeno abbia l'intelligenza e l'educazione di farsi presentare da qualcuno!

32 INDICATORI PER LA MISURAZIONE DEI PROCESSI

La norma prevede che le decisioni vengano prese sulla base di criteri oggettivi e che vengano predisposti opportuni indicatori per la misurazione dei processi. I consulenti avevano preso anche l'abitudine di proporre alle aziende un "*cruscotto indicatori*", quasi come se il sistema di gestione per la qualità fosse un'automobile. Sembra una richiesta assolutamente lecita e ragionevole. Peccato che spesso questo requisito abbia comportato la proliferazione di un insieme di indicatori quantomeno assurdi.

La valutazione della soddisfazione dei clienti poteva, ad esempio, essere misurata, si fa per dire, sulla base del numero di reclami ricevuti. Mi fecero vedere le tabelle degli ultimi dieci anni dove per ogni anno era riportato lo stesso valore: ZERO. Le tabelle erano corredate con i relativi istogrammi e un diagramma riassuntivo: praticamente una linea piatta.

- Beh, vede, se i clienti non reclamano mai non ci possiamo fare niente. Ogni tanto a qualcuno diciamo di reclamare ma non c'è niente da fare: non reclamano.

- Certo, e anche se reclamassero basterebbe cestinare i reclami e il valutatore non avrebbe modo di dire il contrario!

- No, guardi, è rarissimo che si cestini un reclamo, a parte quelli che riteniamo infondati o che richiederebbero un onere eccessivo per la risoluzione. Il cliente può comunque farci causa, e qualcuno effettivamente l'ha fatto!

- Comunque abbiamo altri indicatori: ad esempio il numero di contatti ottenuti dalla partecipazione alle fiere di settore. Non mi dica che non vanno bene perché anche questi sono tutti a zero, anche per il fatto che con la crisi che c'è non possiamo mica partecipare anche alle fiere. Magari più tardi chiamo la segretaria anche perché mi sembra che stesse raccogliendo dei dati: quelli che ci manda la nostra consulente.

Quindi arrivò la segretaria e iniziò la proiezione, sulla lavagna, degli indicatori. Per una migliore visione decisero di spegnere tutte le luci. Quindi la segretaria iniziò a descrivere l'andamento degli indicatori: IQ1 passa da 99,5 a 99,3; IQ2 passa da 11,1 a 12,3; IQ3 passa da 25,2 a 27.1; … IQ16 passa da …

- Scusi, potrebbe almeno dirci cosa significa IQ1, IQ2 ecc. e magari fare una lettura meno acritica?

- Beh, guardi, non saprei. Bisognerebbe chiedere alla nostra consulente che però oggi è impegnata in un altro audit e non è raggiungibile.

Guardai gli altri partecipanti ma stavano tutti dormendo; dopotutto in seguito al pranzo, con le luci spente e con una cantilena di questo tipo non si poteva certo sperare di raggiungere un risultato migliore.

In un'altra occasione, guardando gli ordini ai fornitori, mi accorsi che la data di consegna richiesta era antecedente alla data di emissione dell'ordine:

-   Vede, facciamo in questo modo così capiscono che si tratta di una cosa urgente e si svegliano.

-   Ma scusi, tutto quindi è sempre urgente per voi?

-   No, ma tanto cosa cambia?

-   Poi tra gli indicatori per la misurazione del processo di acquisto controlliamo anche il tempo che intercorre tra l'emissione degli ordini e la consegna della merce: essendo un valore negativo, l'indicatore è sempre soddisfatto! Al massimo, già che ci siamo, emettiamo anche una "non conformità" al fornitore così poi nessuno si lamenta che non scriviamo mai "non conformità". Ovviamente su questa base valutiamo anche i fornitori, che hanno sempre una valutazione pessima ma… tanto poi noi acquistiamo sempre dove costa meno; non stiamo mica a guardare la valutazione dei fornitori.

Spazientito scrissi sul diario di audit che l'azienda effettua la valutazione dei fornitori e poi se ne frega e acquista dove gli pare. Venni richiamato dall'Ente di certificazione perché qualcuno, stranamente, lesse il diario: mi fecero una lavata di capo tremenda! Il diario venne proiettato durante un corso di formazione e ci fu intimato di non scrivere mai più una cosa del genere. Questo contribuì anche alla mia defezione probabilmente.

33 CALL CENTER – (RIMPIANGENDO CLODIS E PANNICHIS)

Tra le aziende certificate ce n'era una che svolgeva un'attività particolare: lettura delle carte via telefono. L'attività veniva svolta in un call-center dove c'erano alcune maghe e fattucchiere che rispondevano al telefono e potevano vaticinare solo su argomenti non legati allo stato di salute (cosa vietata per legge oltre che per motivi etici): gli argomenti più gettonati erano quindi il lavoro e l'amore, soprattutto quest'ultimo. A rotazione, quasi tutti i miei colleghi andarono a visitare questa simpatica azienda ed ebbero modo di conoscere le maghe Pannichis e Clodis; non ci raccontarono mai però l'esito delle loro consultazioni.

A me capitavano invece aziende sempre più noiose e, durante un audit in una di queste aziende, mi chiamò uno dei responsabili dell'Ente per dirmi che sarei stato destinato ad altri compiti entro qualche settimana. Prima o poi doveva succedere perché i numerosissimi pensionati che lavoravano con partita IVA erano meno costosi dei dipendenti fissi e ultimamente operavano con tariffe giornaliere che rasentavano lo zero.

Mi trovato in trasferta in Provincia di Cuneo. Dissi al gestore dell'albergo che non ci saremmo più rivisti perché avrei cambiato lavoro e quella era la mia ultima trasferta. Lui mi disse che dopo avere svolto la professione di architetto per vent'anni anche lui era arrivato alla conclusione che era meglio lasciar perdere e mettersi a lavorare in un albergo, più per convenienza sociale che per vocazione. Negli ultimi tempi si era occupato di certificazione energetica degli edifici; attività che ultimamente veniva retribuita con tariffe orarie largamente inferiori a quelle di una badante. Decisi quindi di cenare in albergo; mi feci consigliare dal simpatico personaggio e mangiai nel modo migliore possibile, non disdegnando il vino più pregiato disponibile; d'altra parte sarebbe stata l'ultima cena!

Nell'ultimo periodo infatti avevo preso l'abitudine di cenare nelle camere degli alberghi, essendomi stancato di trascorrere le serate nei ristoranti da solo. Peccato che, forse per motivi di risparmio energetico o per altro, ormai tutti gli alberghi illuminavano le camere con una luce talmente fioca che non riuscivo neanche a vedere cosa stessi mangiando. Impossibile pensare di trascorrere la serata leggendo un libro.

Prima di destinarmi definitivamente ad altri compiti mi fecero però fare un tremendo tour-de-force in ufficio.

Nell'estate del 2018 infatti si verificò una situazione senza precedenti: la norma UNI EN ISO 9001:2008 avrebbe concluso il suo decorso il giorno 14 settembre; tutte le organizzazioni avrebbero dovuto adeguare il proprio sistema di gestione per la qualità alla norma UNI EN ISO 9001:2015, pubblicata tre anni prima. Si tratta di una norma che, semplificando il discorso, contiene di fatto gli stessi requisiti della norma precedente ma con l'aggiunta di alcuni aspetti nuovi, principalmente legati alla "valutazione dei rischi". Trattandosi di un argomento nuovo, la maggior parte delle aziende ha atteso fino all'ultimo per adeguare il proprio sistema, innanzitutto per vedere cosa avrebbero fatto gli altri (riguardo agli aspetti di valutazione dei rischi) e poi perché quasi tutti erano convinti che ci sarebbe stata una proroga, come era già avvenuto in occasione della transizione tra l'edizione 1994 e l'edizione 2000. Questa volta invece non fu concessa nessuna proroga. Ci trovammo di fronte ad una mole di lavoro insostenibile; si decise quindi, d'accordo con l'Organismo di Accreditamento, di svolgere una parte dell'audit telefonicamente e di concludere successivamente l'attività entro il mese di novembre con una visita presso le aziende. Gli audit non erano neanche in videoconferenza ma proprio svolti con un normale telefono da scrivania.

La situazione era la seguente: con una mano si teneva la cornetta e con l'altra si gestiva il mouse e in parte la tastiera, con la quale si poteva scrivere usando una sola mano; in azienda non si erano neanche preoccupati di dotarci di cuffie e microfono. L'obiettivo era quello di compilare una lista di riscontro lunga diciassette pagine con centoventitré domande. Alla fine si cedeva alla tentazione di tenere bloccata la cornetta del telefono con la teste inclinata su una spalla. Le domande sarebbero state comunque incomprensibili per le aziende anche con un audit in presenza; a distanza le cose erano sostanzialmente ingestibili. Quindi si faceva in questo modo: si chiedeva alle aziende di inviarci i documenti via e-mail con qualche giorno di anticipo e poi si faceva un "copia & incolla" dei vari pezzi di testo nelle caselle della lista di riscontro; talvolta si mettevano anche i pezzi di testo alla rinfusa, tanto nessuno avrebbe avuto il tempo di andare a leggere e comunque anche la norma era confusa: quindi si poteva scrivere qualsiasi cosa un po' ovunque ed era difficile sostenere che non andasse bene. L'intervista telefonica era quindi limitata all'acquisizione delle parti che erano rimaste senza risposta leggendo i vari documenti ricevuti.

Se le aziende non capivano le domande, e questo accadeva sempre, visto che la nostra lista di riscontro era scritta in perfetto stile *"qualitatese"*, si inventavano le risposte, anzi, a volte era meglio fare solo qualche domanda e poi completare la lista di riscontro inventando tutto il resto. Ormai la situazione non era più neanche quella del solito teatrino, visto che non ci si incontrava più fisicamente, quindi tanto valeva arrangiarsi e compilare questa maledetta lista di riscontro senza infastidire nessuno e soprattutto senza dover affrontare i problemi di cui sopra.

Anche se il tempo effettivo della telefonata non durava le quattro ore previste, era comunque sufficiente per provocarsi dei gran mal di schiena per la postura scorretta ma inevitabile. Finita una telefonata si aveva appena il tempo di completare la scrittura del rapporto di audit e tutti gli altri documenti richiesti dall'Ente e inviarli all'Organizzazione dopo averli stampati e firmati. Una volta ricevuti gli stessi documenti firmati dai nostri interlocutori bisognava caricare tutto sul portale dell'Ente e si passava all'audit successivo. La giornata terminava quasi sempre con un mal di schiena paralizzante.

Almeno c'erano alcuni vantaggi in questa nuova modalità: ad esempio il vantaggio di evitare situazioni imbarazzanti, in cui a fronte di una domanda c'era qualcuno che rispondeva "sì" e contemporaneamente qualcun altro che rispondeva "no", annuendo e dissentendo con vistosi movimenti del collo; i discorsi banali con la totale mancanza di senso critico e l'incapacità di vedere le cose da un'altra prospettiva; riunioni in enormi sale con tavolo ovale dove tutti volevano primeggiare recitando la propria commedia come se fossero su un palcoscenico. Praticamente si approfittava della presenza dell'ispettore per far notare ai propri colleghi, e soprattutto ai propri responsabili, quanto ognuno fosse più bravo e più bello degli altri, ma la cosa spesso riusciva a suscitare solo un effetto boomerang. Si sarebbero evitate scene del tipo che il figlio di un noto industriale, durante una riunione, si strappava i peli da sotto la maglietta e li buttava sul tavolo incurante dei presenti sconvolti (alla fine in separata sede uno dei suoi collaboratori disse: quando uno non sa più dove mettere i milioni può anche permettersi di fare questo e altro).

Sarebbe rimasto il problema di quelli che volevano parlare a tutti i costi e poi non sapevano cosa dire e bloccavano le frasi a metà dicendo "lei mi capisce vero?" e io non capivo niente. Sarebbero rimasti anche i colpi di sonno, le voci antipatiche, i discorsi odiosi, le persone insopportabili, le persone che parlavano per ore di cose normali come se fossero stupefacenti e quelli che probabilmente si imbottivano di stupefacenti veramente.

Non avremmo più potuto notare i cambiamenti nelle aziende e nei loro addetti; segretarie che una volta erano "signorine", poi sono diventate "zitelle" e poi "single".

Non avremmo più visitato reparti produttivi dove, con estremo orgoglio, qualche capo reparto mi avrebbe spiegato come costruire elettrodomestici ad "obsolescenza programmata".

Non avremmo più incontrato lavoratori ottantenni pensionati, appassiti, appannati e antiquati che avevano l'abitudine di trascorrere intere settimane in trasferta lontano da casa per racimolare poche decine di euro al giorno che servivano per scopi originali:

- Sa, mio nipote ha il cellulare vecchio, ormai ha qualche mese, e quindi vorrei comprargliene uno nuovo e i soldi non li gratto mica dai muri… quindi mi tocca continuare a lavorare.

Oppure:

- Mio nipote vorrebbe iscriversi all'università e quindi dovrei pagargli le tasse; visto che ormai ha trentacinque anni sarebbe meglio che trovasse una sua collocazione e mettesse la testa a posto.

- Capisco, anzi no. Una pensione da dirigente d'azienda non le basta? E poi perché mai dovrebbe pagare lei le tasse al nipote? Non ci pensano i suoi genitori eventualmente? A parte il fatto che a trentacinque anni forse dovrebbe anche farsi delle domande...

- Mah... sa com'è. I soldi non bastano mai e non si può sapere cosa potrebbe accadere.

Certo che le telefonate avrebbero dato origine a vari equivoci; come quando uno mi disse di occuparsi di problematiche di sicurezza:

- Ah, quindi lei si occupa di sicurezza sui luoghi di lavoro?

- Ma no, cosa ha capito? Io faccio il buttafuori in una discoteca di notte e lavoro qui di giorno tra un colpo di sonno e un altro.

Quindi ci trovammo tutti ammassati in un grigio open-space tra il baluginio delle luci e il ronzio dei reattori dei neon. Le tapparelle erano rigorosamente tutte abbassate perché quelle vecchie cariatidi dei miei colleghi, ormai cieche come delle pantegane, non sopportavano più neanche il minimo raggio di luce naturale.

- Pronto, buongiorno. Ho già scritto tutto sulla base dei documenti che mi ha inviato ieri. Adesso le leggo il rapporto. Se le va bene lo stampo e lo firmo. Poi lo digitalizzo e glielo invio. Lei lo stampa, lo firma, lo digitalizza e me lo rimanda. Io stampo una copia per il nostro archivio cartaceo e inserisco una copia in formato elettronico sul portale dell'Ente.

In sottofondo sentivo gli altri colleghi:

- Pronto, buongiorno. Senta, come le ho scritto, ci sarebbe da *vedere* un cantiere. *Vedere* si fa per dire, visto che l'audit è telefonico: diciamo che dobbiamo *documentare* un cantiere. Quest'anno è previsto un cantiere di restauro di beni sottoposti a tutela. Avete qualcosa?

- No.

- Se posso permettermi, le suggerirei un'idea. Ehm... visto che la verifica è telefonica e io non sarò fisicamente in cantiere, lei mi può dire che ha restaurato qualsiasi cosa e io non ho modo di dire il contrario e nessuno potrà incolparmi per avere documentato un'attività che non è mai stata fatta. Quindi, lei mi capisce vero? Beh, adesso non mi dica che avete restaurato la Gioconda anche perché è in Francia... Magari un Cenacolo Vinciano sarebbe più credibile... Allora cosa facciamo? Cenacolo?

Altro collega in sottofondo:

- Pronto, buongiorno. Stampo, firmo e invio...

- Pronto, buongiorno. Senta, ho cercato di trovare degli elementi di novità in quello che mi ha inviato ma mi pare tutto come lo scorso anno. Non è che sono gli stessi documenti?

- Mah, può anche darsi. E' quello che mi ha inviato la consulente.

- Allora facciamo così: modifico la lista di riscontro dello scorso anno così il comitato non si insospettisce. Magari cambio i colori del testo. Dal verde-lime dello scorso anno posso proporre un melanzana-cotta o banana-fritta, cosa preferisce?

Quindi ci trovavamo circa nella stessa situazione delle fattucchiere del call-center, solo che loro avevano a disposizione almeno cuffie ed auricolari, noi solo la cornetta del telefono. A parte questo, si vaticinava tutti. Loro vaticinavano sul futuro e noi inventavamo il passato documentando nel presente audit su attività mai esistite…

Chissà se sarebbe cambiato qualcosa se qualche collega avesse chiesto a Clodis e Pannichis qualche informazione sul nostro lavoro; invece purtroppo si sono limitati a chiedere solo informazioni sull'amore…

E' andata così…

34 EPILOGO

Per un valutatore uscito di scena, è inevitabile chiedersi come potrebbe proseguire questo genere di attività.

Probabilmente dopo il passaggio ai call center, potrebbe essere ideato un sistema basato sull'intelligenza artificiale che condurrebbe gli audit autonoma-mente in base ad algoritmi propri.

Le aziende potrebbero telefonare una volta all'anno al sistema, il quale farebbe le domande e registrerebbe le risposte, tutto automaticamente senza alcun intervento umano. La conclusione della telefonata genererebbe automatica-mente il certificato in formato elettronico che verrebbe inviato automaticamente e istantaneamente alle aziende. Il sistema operando in time-sharing potrebbe certificare miliardi di aziende contemporaneamente; nel giro di qualche micro-secondo si potrebbero certificare anche le aziende che operano su Marte e pianeti limitrofi!

Qualche tendenza a questo cambiamento si è già verificata nel momento in cui l'Ente ha sostituito il modulo per documentare il rapporto di verifica che inizialmente prevedeva la scrittura di gran parte del testo in formato libero, come se si facessero dei temi da liceo. Considerando le difficoltà di alcuni valutatori a strutturare delle frasi di senso compiuto, si è deciso di mettere a disposizione un modulo in formato precompilato con delle caselle nelle quali si sarebbero dovute solo inserire delle X e altre dove era prevista la scrittura di un "sì" oppure di un "no". Anche questa modalità non ha eliminato completamente gli errori: nessuno si è reso conto che il "sì" avrebbe dovuto essere scritto con l'accento sulla "i". Questo nuovo modulo ha comunque ridotto considerevolmente le iniziative basate sull'intelligenza umana, e fatto comprendere che nessuno meglio di un algoritmo sarebbe in grado di non commettere errori marchiani.

35 APPENDICE A – LA NORMA ISO 9001 E I RE-LATIVI PRINCIPI ISPIRATORI

La norma ha avuto origine alcuni decenni fa ed è stata modificata più volte per adeguarla alla realtà dei mercati in continua evoluzione. Nonostante ciò, i principi ispiratori sono di fatto stati mantenuti, almeno quelli fondamentali. La norma che per più anni è stata applicata è l'edizione UNI EN ISO 9001:2000, di fatto uguale alla UNI EN ISO 9001:2008. Le differenze tra l'edizione del 2000 e quella del 2008 sono poco significative; l'edizione 2008 è stata pubblicata fondamentalmente per due ragioni: una di carattere commerciale (le norme vengono vendute a peso d'oro – anziché un tot a pagina avrebbero potuto venderle un tot al grammo, se non ci fosse stato il problema della dematerializzazione informatica), l'altro motivo è stato probabilmente per evitare di dare l'impressione che i comitati fossero sprofondati in un letargo irreversibile. Questa norma è stata applicata tra l'anno 2000 e l'anno 2018, quindi per diciotto lunghi anni. Nessuna edizione precedente ha visto un così lungo periodo di applicazione; per questo motivo è utile descriverne brevemente i principi ispiratori e i principali requisiti anche se, come già scritto, è stata sostituita dall'edizione 2015 e quindi non è più attualmente applicabile. E' comunque vero che, sia i principi che l'hanno ispirata che i requisiti stessi, pur se riscritti in forma diversa nell'edizione 2015, mantengono in linea di massima la loro validità.

Gli otto principi sono i seguenti:

1) Orientamento al Cliente: La sopravvivenza di ogni organizzazione è legata ai propri clienti e quindi è fondamentale capire le relative esigenze e far in modo di soddisfarne i requisiti. La norma prevede anche che la soddisfazione dei clienti venga misurata ma, pur essendo un aspetto di importanza strategica, le organizzazioni hanno sempre visto questa misurazione come qualcosa di assolutamente inutile.

2) Leadership: Viene sottolineato che l'adozione di un sistema di gestione per la qualità deve essere un'iniziativa promossa dalla Direzione.

3) Coinvolgimento del personale: Tutto il personale dell'Organizzazione deve essere coinvolto e informato se si vogliono ottenere risultati concreti e duraturi.

4) Approccio per processi: "Un risultato desiderato si ottiene con maggiore efficienza quando le relative attività e risorse sono gestite come un processo". La norma si basa e promuove il cosiddetto "approccio per processi" intendendo per processo qualsiasi "insieme di attività" nella quale vengano impiegate risorse (persone, energia, impianti) per trasformare elementi in entrata (siano essi beni tangibili o intangibili, tra i quali contano in modo particolare le informazioni) in ben specifici elementi in uscita (siano essi, ancora, beni tangibili o intangibili);

5) Approccio sistemico alla gestione: simile al precedente. "Identificare, comprendere e gestire, come fossero un sistema, processi tra loro correlati contribuisce all'efficacia e all'efficienza dell'organizzazione nel conseguire i propri obiettivi";

6) Il Miglioramento continuo: "Il miglioramento continuo delle prestazioni complessive deve essere un obiettivo permanente dell'organizzazione"; Questo principio si basa sul presupposto che inefficienze ed errori sono inevitabili nello svolgimento di qualunque attività. Ciò che conta è ammettere che tali situazioni esistono e riuscire a riconoscerle, analizzarle e cercare di creare le condizioni per cui esse non avvengano più nel futuro: applicare cioè ad ogni attività il modello gestionale noto come "ciclo di Deming", o "ciclo PDCA (Plan, Do, Check, Act)"; esso si compone delle seguenti quattro fasi che si ripetono incessantemente: 1) Plan, 2) Do, 3) Check e 4) Act. Si tratta di un meccanismo naturalmente applicato frequentemente nella nostra vita personale e professionale dove lo utilizziamo spesso in modo istintivo.

"Plan" (Pianificazione): E' la fase in cui si individuano gli obiettivi che si intendono perseguire, coerentemente con le strategie di sviluppo dell'Azienda e con i requisiti dei clienti, nonché i processi e le attività necessari a conseguire tali obiettivi. Quando si predispone il budget annuale, quando si fa il piano di produzione o degli approvvigionamenti, quando si decide il ciclo di lavoro o quante persone assumere e con quali competenze, si è nella fase "Plan".

"Do" (esecuzione): E' la fase nella quale si dà attuazione a tutto quanto pianificato nella fase precedente. Continuando con l'esempio, quando si attrezzano le macchine seguendo il piano di produzione, quando si dà attuazione al ciclo di lavoro impostato, quando si assumono le risorse precedentemente individuate come necessarie, si è nella fase "Do".

"Check" (verifica/controllo): E' la fase nella quale si controlla se si stanno raggiungendo gli obiettivi prefissati con i modi prestabiliti, nonché il permanere della loro adeguatezza in relazione al contesto di riferimento attuale. Quando si verifica a che punto si è con la produzione rispetto a quanto pianificato, quando si fa il controllo di gestione, quando si controlla la merce prodotta, si è nella fase "Check".

"Act" (azione): Consiste nello standardizzare e consolidare le parti dell'organizzazione che risultano "operare in qualità", e nel migliorare quelle dove siano state riscontrate inefficienze e problemi. Aggiornare il piano di produzione, rivedere il budget, modificare il ciclo di lavoro.. tutto ciò è "Act".

7) Decisioni basate su dati di fatto: "Le decisioni e le azioni efficaci sono basate sull'analisi di dati e di informazioni (reali e misurate)" (decisioni quindi da assumere sulla base di criteri "oggettivi");

8) Rapporti di reciproco beneficio con i fornitori: "Un'organizzazione ed i suoi fornitori sono interdipendenti ed un rapporto di reciproco beneficio migliora, per entrambi, la capacità di creare valore".

I requisiti indicati nella norma sono la trasposizione operativa di questi otto "principi gestionali" elaborati, sempre dall'ISO, basandosi sull'esperienza storica e sulle conoscenze dei suoi membri esperti in materia di gestione aziendale.

Vedendo la cosa da un altro punto di vista, questi principi costituiscono un'importante guida, al di là del semplice dettato "tecnico" della norma, per progettare e attuare un sistema di gestione orientato alla ricerca della soddisfazione dei Clienti in un'ottica di efficienza oltre che di efficacia e devono essere usati per interpretare correttamente i requisiti normativi in considerazione della loro genericità (dovuta alla necessità di avere una norma applicabile a qualsiasi settore merceologico).

La norma è strutturata nei seguenti nove capitoli, numerati a partire dal capitolo "zero".

0. Introduzione;

1. Scopo e campo d'applicazione;

2. Riferimenti normativi;

3. Termini e definizioni;

4. Sistema di gestione per la qualità;

5. Responsabilità della direzione;

6. Gestione delle risorse;

7. Realizzazione del prodotto;

8. Misurazioni, analisi e miglioramento.

Nel capitolo zero – Introduzione - viene espresso il concetto che l'adozione di un sistema di gestione per la qualità dovrebbe essere una decisione strategica e quindi attuata con il supporto da parte della direzione aziendale. Viene anche richiamato il fatto che la norma presuppone un approccio per processi, come verrà meglio illustrato nel seguito. Approccio per processi significa, sinteticamente, individuare le attività dell'azienda, le risorse necessarie, sia umane che strumentali, e descrivere le relazioni tra queste attività, gli elementi in ingresso e in uscita, i risultati da conseguire ecc.

Il capitolo 1 – Scopo e campo d'applicazione – precisa che tutti i requisiti della presente norma devono essere applicati, a meno che l'esclusione di qualcuno di essi non pregiudichi le capacità dell'organizzazione di conseguire i risultati attesi e quindi di fornire prodotti conformi ai requisiti del cliente e ai requisiti cogenti applicabili. In ogni caso i requisiti potenzialmente escludibili sono solo quelli appartenenti al capitolo 7, descritto nel seguito. Il requisito che più frequentemente viene escluso è il 7.3 (progettazione e sviluppo). Per quanto scritto precedentemente, il requisito può tuttavia essere escluso solamente se l'azienda non effettua l'attività di progettazione.

I capitoli 2 e 3 - Riferimenti normativi e Termini e Definizioni – sostanzialmente richiamano un'altra norma, la ISO 9000 "Quality management systems - Fundamentals and vocabulary" che contiene un "glossario" di termini da utilizzare allo scopo di non generare ambiguità.

Il capitolo 4 – Sistema di gestione per la qualità – descrive in modo generico i documenti necessari. Questi comprendono due tipologie di documenti.

1) Documenti che descrivono i processi e le modalità di gestione delle attività (Manuale della Qualità, Procedure e Istruzioni);

2) Documenti che danno evidenza delle attività svolte (documenti di "registrazione": si tratta sostanzialmente di documenti da compilare, sia in formato cartaceo che in formato elettronico).

I documenti sommariamente citati sopra, hanno una struttura gerarchica che vede il Manuale della Qualità al vertice. Il Manuale della Qualità, inizialmente inteso come veicolo per far conoscere la propria azienda all'esterno, ha perso sempre più importanza nel corso degli anni, tanto che l'edizione successiva della norma (edizione 2015) l'ha di fatto reso facoltativo. Tra gli elementi da indicare nel Manuale della qualità, uno dei più importanti è il "campo di applicazione" o "dominio di applicazione". La norma infatti è stata concepita per essere applicata da una pluralità di soggetti ed è pertanto fondamentale che venga precisato a quali processi è da intendersi applicato. Ad esempio, un'azienda che produce caramelle e cioccolatini, potrebbe applicare la norma esclusivamente al processo di produzione di caramelle, tralasciando il resto.

Il capitolo 5 – Responsabilità della Direzione". Questo requisito sottolinea il fatto che l'adozione di un sistema di gestione per la qualità deve essere una decisione appoggiata dalla direzione. La norma parla di leadership, impegno e coinvolgimento attivo da parte della direzione. La direzione deve anche redigere un documento che illustra le strategie e gli orientamenti organizzativi (chiamato "Politica per la Qualità") e deve dare evidenza della relativa diffusione nell'ambito dell'organizzazione. La direzione deve anche dimostrare di avere individuato le esigenze e le aspettative delle parti interessate (clienti, personale dell'organizzazione, proprietari, fornitori, ecc.). La soddisfazione delle parti interessate, e in particolare dei clienti, è uno degli elementi chiave del sistema di gestione per la qualità ed è anche previsto che venga misurata, con metodi stabiliti dall'organizzazione stessa. (vedremo successivamente che per questo sono stati inventati dei sistemi particolarmente creativi).

Il requisito prevede inoltre che vengano individuati obiettivi (per la qualità; come se gli obiettivi per la qualità fossero da distinguere dagli obiettivi generali dell'organizzazione!): si tratta sommariamente di obiettivi finalizzati al miglioramento delle prestazioni. Gli obiettivi devono prevedere anche le risorse necessarie per il loro raggiungimento e devono essere comunicati e periodicamente riesaminati. È previsto che periodicamente venga redatto un documento (detto "Riesame della Direzione") al fine di dimostrare di tenere sotto controllo i processi e garantire che il sistema di gestione per la qualità continui a mantenere l'efficacia nel tempo (e coerenza con lo scenario che può mutare con il passare del tempo).

Il capitolo 6 – Gestione delle risorse – è dedicato alle risorse dell'organizzazione. Sostanzialmente si parla delle risorse sia umane che strumentali. Riguardo alle risorse umane, il requisito specifica che il personale che svolge attività che hanno influenza sulla qualità deve necessariamente essere consapevole, periodicamente formato, ecc. Anche il grado di soddisfazione del personale deve essere misurato. Il capitolo tratta inoltre gli aspetti legati alla gestione delle infrastrutture (che spesso riguarda la manutenzione dei mezzi e delle attrezzature).

Il capitolo 7 – Realizzazione del prodotto – è il cuore della norma. Il titolo è fuorviante tuttavia, in quanto non tutte le Organizzazioni producono qualcosa; alcune di esse erogano un servizio. Quindi il titolo avrebbe dovuto essere "Realizzazione del prodotto / Erogazione del servizio". A parte questo aspetto, il requisito è particolarmente articolato e concentra molti argomenti eterogenei, anche se legati da un flusso logico.

Gli argomenti trattati sono i seguenti:

Pianificazione della realizzazione del prodotto. Si tratta di un requisito particolarmente articolato volto in particolar modo alla pianificazione dei processi e richiama le attività necessarie per verificare che questi processi siano coerenti con i requisiti di tutti gli altri processi del sistema di gestione per la qualità.

Processi relativi al cliente. Il requisito è volto ad assicurare la chiarezza dei rapporti con i clienti, a partire dalla definizione dei requisiti dei prodotti o servizi offerti, il relativo riesame e le comunicazioni con i clienti stessi; Il requisito richiede di contemplare anche tutti gli aspetti non esplicitamente richiesti dal cliente ma tuttavia necessari per l'ottenimento di un prodotto o l'offerta di un servizio soddisfacente e rispettoso delle norme e leggi cogenti (i cosiddetti requisiti impliciti).

Progettazione e sviluppo. Il requisito si articola in vari sotto-requisiti alcuni dei quali di libera interpretazione. Nei vari corsi di formazione i docenti hanno azzardato infatti arrampicate alquanto ardite su specchi scivolosi nel tentativo di trovare un significato e una giustificazione in particolare per i requisiti di "riesame", "verifica" e "validazione" della progettazione. Avendo assistito a diverse presentazioni posso solo constatare la confusione assoluta su questi aspetti. Inoltre, avendo svolto personalmente anche attività di progettazione per vari anni, posso confermare quanto emerso nei vari audit che ho svolto e cioè l'estrema difficoltà nel far coincidere il normale iter progettuale con quanto richiesto dalla norma. Alcune organizzazioni ci hanno provato e ci sono anche

97

riuscite in qualche modo, adottando delle forzature che talvolta sono risultate particolarmente bizzarre. L'interpretazione più accreditata è quella che prevede che il "riesame" consista in un momento (o più momenti) nel quale ci si accerta della coerenza con i requisiti della progettazione (requisiti del cliente, requisiti necessari al buon uso del prodotto o del servizio, requisiti di carattere cogente ecc.); la "verifica" è invece una questione di carattere prettamente tecnico (verifiche strutturali, calcoli progettuali, confronto con altri progetti simili ecc.); la "validazione" della progettazione è un argomento che trova difficile applicazione nella pratica me è sostanzialmente rivolto ad assicurarsi che il prodotto o servizio sia in grado di soddisfare i requisiti nel particolare stato di esercizio (nel senso che un condizionatore potrebbe funzionare correttamente in Svizzera ma magari non in una zona equatoriale). Oltretutto non bisogna confondere la "validazione della progettazione" con la "validazione dei processi", come verrà chiarito nel seguito.

Approvvigionamento. Il requisito tratta gli aspetti di qualifica e tenuta sotto controllo dei fornitori, l'approvvigionamento e il controllo dei prodotti provenienti dall'esterno, la gestione logistica del materiale ecc.; È importante sottolineare che la ripetibilità delle forniture è un requisito fondamentale nell'ambito della qualità.

Produzione ed erogazione dei servizi. E' il vero nocciolo di tutto il discorso. Il requisito richiama la necessità di rendere disponibili informazioni e istruzioni/procedure al fine di garantire che la produzione o l'erogazione dei servizi avvenga in modo controllato e quindi ripetibile (ripetibile significa, ad esempio, che lo stesso prodotto/servizio o parte di esso deve essere realizzato nello stesso modo anche se effettuato da operatori diversi). Nel dettaglio, la norma tocca aspetti quali l'identificazione, la rintracciabilità (requisiti di cui non è opportuno entrare nel merito in questa sede), la gestione della proprietà dei clienti al fine di prevenire eventuali danni o perdite (compreso la proprietà di carattere intellettuale: disegni, progetti ecc.), la conservazione dei prodotti ecc.. Il requisito tratta anche l'aspetto di "validazione dei processi" consistente nell'attività da effettuare nel caso in cui il risultato di un particolare processo produttivo non possa agevolmente (o economicamente) essere verificato tramite prove, controlli o collaudi. Validare un processo consiste nel definire le condizioni affinché il processo possa essere ripetuto nel tempo fornendo quindi sempre gli stessi risultati (l'esempio tipico di applicazione riguarda il processo di saldatura, il cui risultato non può quasi mai essere verificato in modo agevole ed economico). Un collega aveva l'abitudine di riportare un esempio interessante: quando un barista fa un caffè, non lo può certo assaggiare per verificare che sia buono; lo serve quindi al cliente senza alcuna verifica. Il fatto che sia buono dipende da una serie di operazioni (validazione del processo) effettuate in precedenza: pulizia della macchina, verifica di avere raggiunto la temperatura corretta, verifica di avere scaldato le tazzine, di avere macinato correttamente la miscela ecc...

Dispositivi di monitoraggio e misurazione. Viene specificato che l'organizzazione deve definire le tipologie di misure necessarie per garantire l'adeguatezza della produzione e i requisiti delle misurazioni stesse. Ne consegue la scelta di strumenti di misura adeguati e i relativi requisiti di verifica o taratura. La norma non specifica quindi quali strumenti di misura utilizzare in base ai prodotti da realizzare, e quindi non prescrive neppure una frequenza di taratura degli stessi.

Il capitolo 8 – Misurazioni, analisi e miglioramento – conclude la norma. In questo requisito vengono trattati alcuni importanti concetti legati alla misurazione delle prestazioni mediante la registrazione e l'analisi delle cause di eventuali problematiche che, utilizzando il linguaggio "*qualitatese*", vengono chiamate "non-conformità". Il requisito richiede, con estrema sintesi, che si individuino dei criteri per misurare prodotti/servizi, prestazione dei processi ecc. nell'ottica di migliorare le relative prestazioni. L'organizzazione deve inoltre, a intervalli pianificati, effettuare delle attività di auto-verifica dei propri processi (i cosiddetti "audit interni" o "verifiche ispettive interne"). Sulla base di queste misurazioni, dei risultati degli audit interni, degli eventuali reclami da parte dei clienti (che spesso vengono prontamente cestinati per non fornire spunti all'ispettore/valutatore) devono essere definite delle strategie, chiamate "azioni correttive" e "azioni preventive" (la differenza è alquanto sottile, nel senso che le azioni correttive dovrebbero risolvere delle problematiche già emerse mentre le azioni preventive dovrebbero evitare l'accadimento di problematiche potenziali non ancora verificate).

La descrizione della norma UNI EN ISO 9001 sopra riportata è volutamente molto sintetica e talvolta imprecisa essendo solo finalizzata alla comprensione del testo. Si rimanda quindi ai testi specifici per una corretta spiegazione dei requisiti.

36 APPENDICE B – DOCUMENTO EMESSO DALL'ORGANISMO DI ACCREDITAMENTO

E' quantomeno peculiare il fatto che lo stesso Organismo di Accreditamento sia assolutamente consapevole della situazione di stress e di *"burn-out"* dei valutatori. Tuttavia, anziché intervenire in modo da porre rimedio alla situazione, ad esempio ponendo un limite al numero di giornate di audit mensili o alle ore di lavoro giornaliere (ore di audit sommate alle ore di viaggio), si sia limitato ad emanare un documento sconclusionato al quale non è stato dato seguito. Quasi una sorta di presa in giro dei valutatori da parte dello stesso Organismo di Accreditamento.

Viene riportato nel seguito un estratto dal documento emesso in data 14 settembre 2012, oggetto di varie presentazioni in diverse sedi, il cui titolo è "**L'Evoluzione (o Involuzione?) dell'auditor**".

1) *Entusiasmo idealistico:*

Si sceglie di fare l'auditor pensando che sia un lavoro che possa essere d'aiuto alle imprese, e di stimolo per la propria crescita professionale. Ogni giorno un'azienda diversa: Una miriade di cose da imparare, si vedono posti nuovi, si gusta la cucina locale.. non c'è il rischio di annoiarsi!!

2) *Stagnazione:*

L'ispettore, sottoposto a carichi di lavoro e di stress eccessivi (una verifica al giorno!!), inizia a rendersi conto di come le sue aspettative non coincidano con la realtà lavorativa. L'entusiasmo, l'interesse ed il senso di gratificazione legati alla professione iniziano a diminuire.

3) *Frustrazione:*

L'ispettore inizia a vivere un senso di inutilità, di inadeguatezza, di insoddisfazione, uniti alla percezione di essere sfruttato, oberato di lavoro e poco apprezzato; cerca quindi di trovare una nuova professione, senza però riuscirci, perché troppo specializzato. Si tende ad essere aggressivi con gli altri (molto rigidi nell'emissione delle NC)

4) *Apatia:*

L'interesse e la passione per il proprio lavoro si spengono. Si rinuncia alla propria formazione, diminuisce la capacità d'ascolto, si tende a terminare sempre prima le verifiche. Non si argomentano con sufficiente attenzione i rilievi, si fanno rapporti di verifica fotocopia, si chiude un occhio sui rilievi per non doverli discutere. Si arriva a saltare il pranzo per non dover soffermarsi a parlare con i referenti dell'azienda. Ogni mattina sembra di rivedere un film già visto: riunione iniziale, riesame della direzione, verifiche ispettive interne, pranzo, documentazione, riunione finale, macchina e hotel (con cena da soli).

Facciamo un esame di coscienza

In quale fase ci ritroviamo? E in quale fase si trova la maggior parte degli ispettori che incontriamo durante il nostro lavoro?

1) Entusiasmo idealistico

2) Stagnazione

3) Frustrazione

4) Apatia

Sindrome da burnout

99

La sindrome da burnout (o più semplicemente burnout) è l'esito patologico di un processo stressogeno che colpisce le persone che esercitano professioni d'aiuto, qualora queste non rispondano in maniera adeguata ai carichi eccessivi di stress che il loro lavoro li porta ad assumere.

Le cause del burnout

- *Sovraccarico di lavoro: una verifica al giorno, 5 giorni alla settimana!!!!*

- *Senso di impotenza: anno dopo anno ci si rende conto che le aziende / organismi non recepiscono i propri rilievi o raccomandazioni*

- *Mancanza di controllo: poca gestione della propria agenda e della logistica*

- *Riconoscimento: poca considerazione dell'auditor: sono finiti i tempi in cui la direzione partecipava con attenzione alla riunione iniziale!*

- *Senso di comunità: gli ispettori lavorano per più organismi, che poche volte li fanno sentire partecipi alle decisioni e ai valori dell'ente (1 riunione all'anno e qualche mail di informazione)*

- *Assenza di equità: diminuiscono i compensi... 150 € con spese comprese!*

- *Valori contrastanti: l'auditor stesso non attribuisce più un valore alla propria attività: una certificazione non si nega più a nessuno!!*

Cosa fare per cambiare la situazione? ... Come eliminare le cause?

A questo quesito non viene data alcuna risposta. Si preferisce invece inserire un link nel documento che rimanda a un video su YouTube il cui titolo è "Ratatouille". Il testo trascritto è riportato nel seguito. Ogni commento è pleonastico.

Non tutti possono diventare dei grandi artisti ma un grande artista può celarsi in chiunque. Per molti versi la professione del critico è facile: rischiamo molto poco pur approfittando del grande potere che abbiamo su coloro che sottopongono il proprio lavoro al nostro giudizio. Prosperiamo grazie alle recensioni negative che sono uno spasso da scrivere e da leggere. Ma la triste realtà a cui ci dobbiamo rassegnare è che nel grande disegno delle cose, anche l'opera più mediocre ha molta più anima del nostro giudizio che la definisce tale. Ma ci sono occasioni in cui un critico qualcosa rischia davvero. Ad esempio, nello scoprire e difendere il nuovo. Il mondo è spesso avverso ai nuovi talenti e alle nuove creazioni: al nuovo servono sostenitori! Ieri sera mi sono imbattuto in qualcosa di nuovo, un pasto straordinario di provenienza assolutamente imprevedibile. Affermare che sia la cucina, sia il suo artefice abbiano messo in crisi le mie convinzioni sull'alta cucina, è dir poco riduttivo: hanno scosso le fondamenta stesse del mio essere! In passato non ho fatto mistero del mio sdegno per il famoso motto dello chef Gusteau "Chiunque può cucinare!", ma ora, soltanto ora, comprendo appieno ciò che egli intendesse dire: non tutti possono diventare dei grandi artisti, ma un grande artista può celarsi in chiunque. È difficile immaginare origini più umili di quelle del genio che ora guida il ristorante Gusteau's e che secondo l'opinione di chi scrive, è niente di meno che il miglior chef di tutta la Francia! Tornerò presto al ristorante Gusteau's, di cui non sarò mai sazio (Anton Ego, wikipedia).

Un americano direbbe: "When the shit hits the fan"!

www.ingramcontent.com/pod-product-compliance
Lightning Source LLC
Chambersburg PA
CBHW021848170526
45157CB00007B/2992

9 781300 152804